上海研究院智库丛书

杨涤

主编

上海名物考

老字号、新品牌与城市软实力

中国出版集团 东方出版中心

图书在版编目（CIP）数据

上海名物考：老字号、新品牌与城市软实力 / 杨涤
主编. —上海：东方出版中心, 2024.3
　ISBN 978-7-5473-2350-2

　Ⅰ.①上… Ⅱ.①杨… Ⅲ.①老字号－品牌管理－研
究－上海 Ⅳ.①F279.275.1

　中国国家版本馆CIP数据核字（2024）第048741号

上海名物考：老字号、新品牌与城市软实力

主　　编　杨　涤
责任编辑　钱吉苓
封面设计　钟　颖

出 版 人　陈义望
出版发行　东方出版中心
地　　址　上海市仙霞路345号
邮政编码　200336
电　　话　021-62417400
印 刷 者　上海盛通时代印刷有限公司

开　　本　710mm×1000mm　1/16
印　　张　21
字　　数　186千字
版　　次　2024年3月第1版
印　　次　2024年3月第1次印刷
定　　价　98.00元

本 书 主 编：杨　涤

本书副主编：吕明霞

课题组成员（按姓氏笔画排名）：

马薇薇　王　多　王　建　石礼英

吕明霞　杨　涤　姜永坤

荐序：
总结上海经验，讲好上海故事，服务国家战略，扩大国际影响

本书是上海研究院 2024 年推出的第一部智库丛书。

上海研究院（全称是中国社会科学院–上海市人民政府上海研究院），是由中国社会科学院与上海市人民政府共同创建的新型智库。上海研究院于 2015 年 6 月 5 日正式成立，坐落于上海市延长路 149 号上海大学延长校区北大楼。

中国社会科学院是马克思主义的理论阵地、为党中央和国家决策服务的思想库、中国哲学社会科学研究的最高学术机构和全国哲学社会科学综合研究中心，承担着为以中国式现代化全面推进中华民族伟大复兴提供理论准备和学术支撑的重任。作为中国社会科学院的直属机构，上海研究院坚定遵循习近平新时代中国特色社会主义思想指导，紧紧围绕改革发展的重大理论和现实问题，借助中国社会科学院在科学研究和政策咨询方面的优势，立足上海，放眼世界，努力建设成为"四个高端"：高端思想库（智库）、高端人才培养基地、高端国际交流合作平台和高端国情调研基地。上海研究院致力于"总结上海经验，讲好上海故事，

服务国家战略，扩大国际影响"。

2023 年 2 月 6 日，中共中央、国务院印发《质量强国建设纲要》，要求完善品牌培育发展机制，开展中国品牌创建行动，打造中国精品和"百年老店"。鼓励企业实施质量品牌战略，建立品牌培育管理体系。这部讲上海品牌故事的书恰逢其时。书中选择了 35 个有代表性的品牌，包括制造业、高技术产业、互联网平台、文化类企业的耳熟能详的品牌，另外还有外滩、陆家嘴、临港新片区，以及杨浦大桥等地标建筑的故事。重点在讲述上海实体经济品牌历史的同时，也有意展示上海城市建设和改革开放的故事，因为一个城市的精神和灵魂不仅仅体现在企业家身上，还体现在很多党员干部在历史的关键时刻破除思想束缚，勇于担当，大胆探索的行动上。这些人也是上海的人才，改革的先行者，历史应记住他们。

上海研究院遵照习近平总书记"把论文写在祖国的大地上"的教导，扎根于上海这片土地，发掘上海城市软实力和城市精神。这个研究项目由上海研究院专职研究员、金融与商贸研究项目主任杨涤牵头，几位来自政府研究机构和企业的高管参与其中。这部书的特点是用学术的观点来梳理上海品牌的历史故事，用讲上海故事的方式来表达学术观点。整部书都浸透着强烈的爱国情绪和民族自豪感，也隐含着一种深深的期待：期待中华民族后人能继承前辈们的自主创新精神、改革开放精神和大胆竞争精神，继续为中华民族伟大复兴，解决外国"卡脖子"问题，突围走向全球市场，做出自己的贡献。

我向读者强烈推荐这部书。上海是中国的名片，上海是全国人民的上海，讲好了上海故事，就是讲好了中国故事。习近平总书记对上海寄予厚望，上海未来也一定会不辱使命，通过提升城市软实力，更好发挥辐射带动作用，推动长三角一体化发展取得更多成果。我期待读者可以从本书中更了解上海，认识上海，爱上上海。

赵克斌[1]

2023 年 5 月 6 日

1　赵克斌，中国社会科学院科研局第一副局长，上海研究院常务副院长。

自序：
学术中的上海故事

从 2000 年算起，我来上海已经 20 多年了。

上海真的很奇妙。如果你刚来上海几天，会不以为然。可生活足够长的一段时间后，就会爱上她。在上海工作的 20 多年，目睹了上海的飞速发展和巨大成就，我也从青年迈入中年，也逐步了解、熟悉、融入这个全球著名城市。

改革开放以来，中国各大城市基础设施建设都很快，经济硬实力也增长很快，虽然在发展水平上还存在一、二线城市的差异，但从城市基础设施看，都已经非常"发达"。然而，各大城市在科技实力、文体设施、商业习俗、制度规则、观念意识、品牌字号以及公民素质等方面，仍存在明显的差异，这些实际上都属于城市的软实力。

不像高楼大厦、高架桥梁等可以几年间就能完成，城市软实力是不可能一蹴而就的，需要较长的时间积累，甚至需要几代人的积淀。上海是全球著名城市，国际化很早，上海制造的好多产品都享誉国内外，有些是世界领先。为什么是上海？从这些产品硬实力的背后，我们可以发掘出什么特别的内涵和软实力吗？

我直觉可以，当我翻阅这些产品的历史时，发现可发掘的东西太多了！

这部书的策划，源自 2022 年 6 月，当上海开始全市复工复产之时，由我牵头组织在上海研究院召开了"老字号、新品牌暨上海城市软实力提升"研讨会，得到了院领导的大力支持。与会专家讨论了我提出的初步框架，使得把这个课题转化为一部专著成果的思路更清晰了。但这次不同以往，我打算以"学术中的上海故事"为主线，组织课题组一起，挑选有代表性的上海品牌，把它们的故事讲出来。习近平总书记说："要立足中国大地，讲好中国故事，塑造更多为世界所认知的中华文化形象，努力展示一个生动立体的中国，为推动构建人类命运共同体谱写新篇章。"这部书的构思就是要立足上海城市，讲好上海故事。讲上海故事，可以从各个角度、各个领域，我选择从老字号开始。

这部书的时间跨度是巨大的，收集的资料从清末民初开始，到新中国成立，再到改革开放，一直到当今。在收集资料的整个过程中，我深深被触动、感动，我觉得这不仅是一个收集、选择、提炼与策划的过程，更是一个学习、受教育的过程。上海近代每一个老字号背后都有一个动人的故事。从近代开始，在与封建主义和帝国主义斗争中，很多民族企业家通过创办实业来救亡图存；新中国成立后，中国人民自力更生创立的一批新字号，至今很多还保持着优良品质；改革开放后创立的新品牌，则更体现思想解放与改革创新。这些故事就是历史，在整理写作这些故事时，一股民族自豪感油然而生。

　　我要感谢课题组的每一位成员，他们对这个课题给予了热忱的支持，也分别整理撰写了部分品牌故事。他们有来自老字号企业的高管，如红双喜集团副总经理吕明霞、光明食品（集团）有限公司总经济师办公室主任石礼英、上海制皂（集团）有限公司副总经理欧阳倚玲；也有来自政府研究中心的专家，如上海市经济和信息化发展研究中心战略发展研究部副部长王建、上海市商务发展研究中心商务综合研究部主任马薇薇、上海市咨询业行业协会副秘书长姜永坤。《解放日报》主编和高级记者王多研究员也参与了前期讨论。

　　上海研究院常务副院长赵克斌给予本项目课题组大力支持，亲自参加了多次研讨和调研，50 后的他对上海老字号情有独钟，现在手腕上还带着一块上海牌手表，他特意撰写了《上海牌手表（1955 年）：中国人民的志气和荣耀》一文，我谨代表课题组表示感谢。《新闻记者》杂志前主编、作家及旅行家吕怡然老师欣然同意用他的一篇散文游记作为本书序言，在此也表示感谢。

　　本书资料大部分来自相关企业，也参阅了很多历史资料。这些资料出自很多优秀的作者之手，在此向他们表示感谢和致敬！

杨　涤

2023 年 2 月 15 日，上海

邀序：
加拿大小镇上的百年扫帚店

加拿大安大略省的一个古老小镇，一条街道旁一间车库模样的店铺，没有橱窗，没有装潢，可以说没有一点现代气息，唯有正门上方一块陈旧的店招，正中是两把交叉的扫帚图形，由上往下三行字：HAMEL BROOMS，SINCE 1908，CORNBROOM MAKER。啊，一家制作和售卖扫帚的小店铺竟如此长寿，开了一百多年啦！

近年来，我先后去那个小镇三趟，每趟都要进去逛逛。百来平方米的空间，工场兼卖场，四周挂满各式各样的草编扫帚，以及其他土不拉几却挺括实用的清扫用品。一个中年人，或许就是老板吧，泰然自若地编织着扫帚。每次去，都见到近悦远来的顾客盈门，纷纷围观、交谈、选购，看来生意一直蛮不错。太太感慨道，现在上海要买一把人工扎制的老式扫帚还真不容易呢，恨不得在这里买了带回去。我们都不由得对这家百年扫帚店、数代"制帚匠"充满敬意。

说起"匠"，就汉字的本义而言，就是筐里背着刀斧工具的木工。引申开去，就是指有专门技艺的人，心无旁骛，凝神静

正在制作扫帚的中年人

气，专注一业，专事一物，精益求精，久久为功，乃成某个行当的技艺高手。古往今来，百姓的生产生活与各行各业的能工巧匠须臾不可离。有传说云，土木工匠祖师鲁班八十大寿时，将自己的 18 个徒弟和两个女婿分作 20 个行当：金、银、铜、铁、锡、石、木、雕、画、皮、弹、轧、机、篾、瓦、垒、鼓、椅、伞、漆。后来又给另九个徒弟封了九个"佬"：阉猪、杀猪、骟牛、打墙、打榨、剃头、补锅、修脚、吹鼓手。民间遂有"九佬十八匠"之谓，"独具匠心""匠心独运"，一个"匠"字则凸显了人们对工匠巧匠的尊崇和敬佩。

多少年过去了，大工业大机器生产日趋发达，高技术智能化生活日趋丰富，林林总总的"匠"似乎日渐式微、慢慢淡出了。不知当年在我们这里，制作扫帚的叫作什么"匠"，但想来肯定有这一行，且有能人，但好像未曾听说有几代人子子孙孙做扫帚、卖了百余年扫帚的老店啊！而更让人感伤的是，诸多匠人，以及弥足珍贵的"匠心"，远离我们的生活，甚至悄然消逝了！

前几年看到一组数据显示，全球迄今持续存在 200 年以上的企业有 5 586 家，其中日本名列前茅，有 3 146 家，德国有 837

家，荷兰有 222 家，法国有 196 家……更有甚者，日本有 7 家企业年逾千岁，有一家专门从事寺院建筑业的"金刚组公司"，竟创立于中国的隋朝时期，已然延续了 1 430 多年！企业的长寿，固然有多重原因，但工匠的代代相承、工匠精神的延绵不绝，无疑是最优化的长寿基因。专心致志，追求极致，积数百年之光阴做好一块表，打造一把刀，开成一家店，树起一个品牌……若无锲而不舍、持之以恒的"匠人精神"，焉能千锤百炼、非凡卓越？

相形见绌的是，中国的"长寿企业"非常罕见，据统计，截至 2012 年，经营超过 150 年的企业仅 5 家，最古老的要数诞生于 1538 年的六必居，"老二"是建于 1663 年的剪刀老字号张小泉，接着是陈李济、广州同仁堂药业和王老吉。而尤为令人忧心的是，作为普通劳动者的匠人似乎不再"吃香"，"工匠精神"也黯淡起来。

随着"工匠精神"的字眼出现在 2016 年国务院总理的政府工作报告里，"匠"字陡然被激活，"工匠"瞬间成为一个热词。然而，要让"工匠精神"重新熠熠生辉，绝非易事。就在 2016 年全国"两会"上，身为人大代表的五位"大国工匠"坦言，"工匠精神"回归，首先要解决的是让工人愿意当工人！上海"工匠"的杰出代表李斌已为此连续数年在人民代表大会上疾呼，当年向总书记呈现了一份涵盖 17 个省市 41 家企业 2 500 多名职工的调研报告。数据显示，高技能人才的需求每年都在上升，但技术工人却青黄不接，而现在只有 6% 的受访职工认为工人社会地位高，超过 61% 的人认为工人社会地位低，超过 32% 的人认为没地位，在后两者中有 95% 的人是"80 后""90 后"……如此现实，情何以堪！试想，倘无足够数量的工人，何来众多的"工匠"，而"工匠精神"又如何弘扬呢？

吕怡然 [1]

1　吕怡然，《新闻记者》杂志前主编、作家及旅行家。在《新民晚报》新闻编辑部工作期间，由他策划和主持的《不妨一议》专栏，被评为中国新闻好专栏。任《新闻记者》主编期间，他编辑的新闻论文多次获得中国新闻奖和上海新闻奖，其中，2005 年获得中国新闻奖一等奖，2008 年获得中国新闻奖二等奖，2011 年获得第 10 届上海长江韬奋奖。本文发表于 2016 年 4 月 15 日《新民晚报》，经作者同意引为序言。

目　录

上篇：晚清民国，救亡图存

中篇：计划时代，自力更生

下篇：改革开放，迎风弄潮

上篇

晚清民国，救亡图存

一、外滩（1844 年）：百年耻辱见证，海派文化地标

无论你是否生活在上海，外滩都是你应该知道的一个名字。这是一处值得探索和品味的文化地标，位于上海市中心区的黄浦江畔，毗邻上海著名商业街南京东路，是观光游客必到之地，更是高端商务办公和餐饮娱乐场所。它的诞生，建立在中华百年耻辱和民族救亡图存的碰撞之上；它的繁华，见证了近现代中国与世界接轨的沧桑历程。

1840 年发生了第一次鸦片战争，西方列强用枪炮敲开了古老封闭的清王朝大门。1842 年，清政府签订丧权辱国的《南京条约》，我国沦为半殖民地半封建社会。1844 年起，外滩这一带被划为英国租界，逐步成为上海的十里洋场。因为外滩，上海又被称为"上海滩"。20 世纪 80 年代末周润发和赵雅芝等主演的电视剧《上海滩》播放时，人们对这个"冒险家乐园"和十里洋场发生的故事如痴如醉。

外滩，即外黄浦滩，位于上海市黄浦区的黄浦江畔。黄浦江

是上海的主要河道。在上海的地名习惯用词中，一般把河流的上游叫作"里"，河流的下游叫作"外"。上海旧县城附近以前有条小支流叫上海浦（现已消失），上海人就以上海浦这一小河的出口为界，将上游的黄浦江河滩叫作"里黄浦滩"，简称"里滩"；将下游的黄浦江河滩叫作"外黄浦滩"，简称"外滩"。外滩全长1.5千米，南起延安东路，北至苏州河上的外白渡桥，是旧上海租界区以及整个上海近代城市的起点。

外滩矗立着52幢风格迥异的西式大楼，汇集了不同时期、不同风格、不同国家的建筑，构成了独具魅力的万国建筑群，承载了丰富的历史故事、艺术价值与文化内涵。

（一）英租界时期的外滩，农耕中国和贸易英国在地理观念上迥异

所谓租界，就是租给外国人专门居住、通商的一块地方。既然是租的，那么这块地方的主权依旧属于中国，地方管理权也明

外滩万国建筑群

确是中国的。另外，租界内最初只允许外国人居住，不允许中国人居住，即"华洋分处"。

在中国，租界源于鸦片战争后丧权辱国的中英《南京条约》。中英《南京条约》签订后，广州、福州、厦门、宁波、上海五处被迫成为通商口岸。船坚炮利的英国敲开了大清闭关锁国的门窗，而这些门窗被打开后就再也没有合上。1860 年以后，中国又增设了许多通商口岸，也增加了一批租界。最多的时候，全国一共有 26 个租界，其中上海租界最为著名，有三个，分别是英租界、美租界和法租界。当时，上海租界的面积，是全国其他 23 个租界面积总和的 1.5 倍，外滩是英租界。

英租界位置的选择反映了农耕中国和贸易英国地理观念上的不同。时任上海道台为了限制外国人活动范围，实行所谓的"华洋分居"原则，想将沿黄浦江周围约 0.5 平方千米的土地划定为租界。上海道台认为，外滩在城外偏僻之地，不过是一片荒滩、沼泽地，庄稼长不好，还有一些坟冢，没有什么价值，洋鬼子住那里正好。而靠殖民和贸易起家的英国人则认为，外滩靠近黄浦江，便利船只运输，是非常有商业价值的地方。租界选址定下之后，1843 到 1845 年，清政府与外国人陆续交涉，1845 年定下《上海土地章程》，其中对英国租地的面积、使用都有限制，对市政与治安管理也有具体的规定。

1853 年 9 月，上海爆发小刀会起义。小刀会占领上海县城达一年半之久，小刀会起义前，租界里主要是外国人，1853 年初仅有华人 500 人，且多为仆人。小刀会起义爆发以后，先是城中一些富裕人家逃入租界；后是上海城外居民涌入租界避难。至 1854 年初，租界已有华人 2 万多人。这对当时小小的租界来说，是个相当大的数字。到 1855 年 2 月，清军才把小刀会镇压下去。

租界华人一下子增加这么多，华洋由分居变杂居，使得租界社会管理一下子复杂起来。不过，租界里的外国商人却欢迎这样的局面，因为人聚财来，商业繁荣了，租房生意也活跃了。1854 年 7 月，英租界租地人会议召开。英国领事根据原来的章程，主张驱赶华人出去。但英租界租地人会议是按照缴纳地租的金额确定选票，其实是富裕的外国商人做主，外国商人盖了很多房子出售出租给华人，获利颇丰，最早一批石库门就是这段时间盖成的。因此所有外国商人投票赞成华人继续住在这里。于是，租界"华洋分处"最终变成"华洋混处"。

租界骤然增加到十几万人，治安管理也提上日程。1854 年 7 月，时任英国领事为了应对新局面，与美、法领事进行协商沟通，对清政府采取先斩后奏的形式，单方面公布《第二次土地章程》。该章程默许中国人在租界内居住，开始设置"巡捕"、工部局。工部局几乎被赋予了"市政府"的职能。上海地方政府事实上失去了治理权。这次章程的修改，实际上是不合程序的，可当时的上海地方政府正忙于镇压小刀会起义，除了照办别无选择。

为防备太平天国进攻上海，加强租界整体的防卫，1863 年 9 月，英、美租界正式合并，改名为公共租界。租界当局于 1869 年再次单方面修改并公布了《第三次土地章程》，新章程加强了工部局的权限，赋予工部局作为市政府的所有职能，在其下面，设置了警务处、卫生处、教育处、财务处等与市政有关的机构，形成了一套完整的行政系统。[1]

就此，上海出现了"一市三界"：法租界、公共租界和华界三足鼎立，各自拥有自己的市政机构、司法机构、警察和军队。这三个地方"各自为政"，比如说电压不一样，每个区域给黄包车发的牌照也不一样，黄包车夫想跨区做生意，要交钱办两张牌照。法律管辖也有边界，比如你在租界里反清政府没关系，但出了租界可能要被抓起来杀头。三个租界当中任何一家的巡捕，都不能越界到另外一家的地盘去执法。

日后上海的繁荣，很高程度上是与租界的繁荣联系在一起的。租界的人口，主体部分是华人。如果没有"华洋混处"，就没有我们所看到的后来的上海。洋人趁中国内乱之际攫取了租界的管理权、行政权、征税权。这几项结合起来，租界便由先前的外侨居留地，变成了中国政府权力难以鞭及的"国中之国""独立王国"。

上海能成为马克思主义传播中心和中国共产党的诞生地，绝对不是偶然的。租界相邻区域存在"两不管"，给中国共产党早期活动创造了空间，中共一大、二大和四大会址都是在租界交界的地方，租界当局也不像华界政府那样对共产主义如临大敌，管理比较松懈，这些漏洞对于革命者来说都是机会。陈独秀在

1　法租界方面对以英国为主导的租界运作一直心怀不满，在 1862 年 5 月，从统一的行政中脱离出来，设立了独立的行政机构——公董局。

1921 年 10 月、1922 年 8 月，两次被法租界当局拘捕，理由都是宣传"过激主义"。但最后经过多方斡旋，都有惊无险，分别被判罚大洋 100 元、400 元了事，出狱后还是照旧组织革命活动。

（二）外滩租界见证了反帝爱国的五卅运动

鸦片战争以后，帝国主义不断加强对中国进行军事、政治、经济的侵略与压迫，强迫中国签订一系列不平等条约，洋人在中国享有特权，横行霸道，欺压中国人民。哪里有压迫，哪里就有反抗。租界是西方侵略中国的重要据点，人民反帝的怒火一直在酝酿之中。

五卅运动发生前，上海租界工部局提出一切印刷品包括报章、书籍、杂志、传单等等在内均须经过工部局的审查，才准付印并发行，中国人的出版自由被彻底剥夺。另外，工部局要求增加"码头捐"，这大大加重了中国商人的负担；工部局还规定开办交易所要到工部局去注册，办理时却往往拖延拒绝。这三个措施严重损害了中国主权和民族资产阶级利益，引起了社会各界强烈不满，愤怒情绪已经在上海积累。

1925 年 2 月起，上海 22 家日商纱厂近 4 万名工人为反对日本资本家打人和无理开除工人、要求增加工资而先后举行罢工。5 月 15 日，上海内外棉七厂的日本资本家枪杀工人代表顾正红，打伤工人 10 多人。日本帝国主义的暴行，激起上海工人、学生和广大民众的极大愤怒。5 月 28 日，在上海的中共中央召开紧急会议，决定以反对帝国主义屠杀中国工人为中心口号，发动群众于 30 日在上海租界举行反对帝国主义的游行示威。5 月 30 日，上海工人和学生在租界的繁华马路进行宣传演讲和示威游行，租界的英国巡捕在南京路上先后逮捕 100 多人，并突然向密集的游行群众开枪射击，当场打死 13 人，打伤数十人，制造了震惊全国的五卅惨案。

帝国主义的屠杀，点燃了中国人民郁积已久的仇恨怒火。从 6 月 1 日起，上海全市开始了声势浩大的反对帝国主义的总罢工、总罢课、总罢市。从 6 月 1 日到 10 日，帝国主义者又多次开枪，打死打伤群众数十人。英、美、意、法等国军舰上的海军陆战队全部上岸，并占领上海大学等学校。上海人民不惧怕帝国主义的武力镇压，相继有 20 余万工人罢工，5 万多学生罢课，公共租界的商人全体罢市，连租界雇用的中国巡捕也响应号召宣布罢岗。五卅运动正式爆发。

在中国共产党的领导和推动下，五卅运动的狂潮迅速席卷全国，从工人发展到学生、商人、市民、农民等社会各阶层，并从上海发展到全国各地，各地约有 1 700 万人直接参加了运动。北京、广州、南京、重庆、天津、青岛、汉口等几十个大中城市和唐山、焦作、水口山等重要矿区，都举行了成千上万人的集会、游行示威，以及罢工、罢课、罢市。

中国人民反帝斗争得到了国际革命组织、海外华侨和各国人民的广泛同情和支援。莫斯科举行了 50 万人的示威游行，声援中国人民的五卅运动，并为中国工人捐款。在世界各地，有近 100 个国家和地区的华侨举行集会和发起募捐，声援五卅运动。

6月7日，日本30多个工人团体举行盛大演讲会，声援中国工人团体，同时向日本政府和资本家提出抗议。英国工人阶级积极行动，阻止船、舰、车辆运输军火到中国。五卅运动成为具有广泛国际影响的反对帝国主义的斗争。

受到极大震动的各国帝国主义者采取威胁和利诱的双重手法来对付处于反帝斗争高潮的中国人民。在帝国主义一打一拉的政策下，民族资产阶级妥协动摇，随后，上海总工会和工商学联合会被封闭，运动遭到暂时的挫折。中共中央为保存革命力量，巩固已有的胜利，决定停止总同盟罢工。

五卅运动沉重打击了帝国主义，对中华民族的觉醒和国民革命运动的发展起了巨大的推动作用，揭开了1925—1927年中国大革命的序幕。正如著名工人运动领袖邓中夏所说："五卅运动以后，革命高潮，一泻汪洋，于是构成一九二五至一九二七年的

天安门广场上五卅运动浮雕

中国大革命。"毛泽东评价五卅运动时曾说："空前的反帝。在此运动中提出了废除不平等条约的内容：如收回租界，收回海关，收回司法权，撤退驻华海陆军等。民众因此认识什么是不平等条约。"因为五卅运动，曾经是屈辱标志的上海外滩租界也被打上了反帝爱国运动的"红色烙印"。

（三）外滩成为海派文化的地标

1941 年 12 月 7 日，日本偷袭珍珠港，太平洋战争爆发，美国参战，英美法等与中国结成同盟国。为了表示同盟国"友好"，1943 年美英法等国同意把租界交还中国，可那时租界被日本占领，并不在他们手里，所谓交还也只是争取中国继续抗战、利用中国拖住日本的一种姿态而已。日本占领上海后，为了拉拢中国的汉奸投降派，1943 年把租界交给汪伪政府管理。人人皆知汪伪政府是日本的傀儡，这不过是假仁假义，企图欺骗中国人民。这样，不管美英法盟国的"真友好"，还是日本侵略者的"假友好"，在 1943 年租界完成了自己的使命。租界存在的时间，在形式上是 98 年，租界真正回到中国人自己管理下，是 1945 年日本战败。从 1845 年到 1945 年，实际年龄正好 100 年，整整一个世纪。因此，外滩租界是百年耻辱的见证。

外滩曾经是列强在上海的政治、金融、文化中心。当年这里聚集着各国领事馆和各大金融机构。西式建筑别具一格，包括哥特式的尖顶、古希腊式的穹窿、巴洛克式的廊柱、西班牙式的阳台，尽收眼底。外滩这一片建筑，大多具有 100 到 120 年的历史，典雅庄重，线条鲜明，雕刻细腻，在上海被称为"万国建筑群"。

在"万国建筑群"中，中国银行大楼尤为不同。它是外滩唯一具有中国传统建筑装饰的高层建筑，除了墙面带有中式的镂空花格窗装饰，铜绿色琉璃瓦四角攒尖顶也是中国传统建筑风格。建成之初，大楼大门正上方还有孔子周游列国浮雕，营业大厅天花板上有"八仙过海"图案。中国银行大楼是近代外滩唯一一座由中国建筑师参与主体设计和内部装饰的建筑，具有鲜明的本土特色，在外滩一众西洋特色建筑中打破传统，形成了独树一帜的风格，因此常常印入信封、明信片和邮票。

"万国建筑群"见证了中国丧权辱国和城下之盟，见证了中国被迫强租土地，形成"国中之国"，洋人奴役中国民众的那段耻辱岁月。随着近现代中国人民不屈不挠的斗争，特别是中国共产党成立后，领导中国人民不怕牺牲，英勇斗争，最终成立了新中国，把外滩收回到人民的怀抱。"万国建筑群"虽然是西方殖民和侵略扩张的产物，但客观上也体现出了西式建筑的风格和特征，代表着西方的建筑设计理念。100多年过去了，它们仍然矗立在黄浦江畔。斗转星移，物是人非，上海已由人民当家作主，"万国建筑群"被赋予了不同的意义，它们成了上海这座城市的建筑地标。

百年以上的西式建筑，在精心的维护和整修下，依然光彩依旧，带给人们强烈的视觉冲击。改革开放后，很多知名的国内外金融机构、商业机构对这批建筑情有独钟，纷纷入驻。越来越多的国际知名品牌也来外滩开店营业，引领了时尚潮流。如今，在外

海派文化的地标

滩那些高楼大厦的高层或天台凭栏眺望黄浦江两岸的风景，隐约能感受到上海这座国际化大都市100多年来经历的沧桑与蜕变。

上海这座城市的文化，是江南文化、海派文化和红色文化相互融合与相互促进的一种混合文化，是华夏土地上出现的一种新文明。上海可以与伦敦、纽约、巴黎、东京相提并论。但它独一无二，有自身的主体意识，这种意识源自"世界性"和"本土性"结合，"传统性"和"现代性"融汇。人民城市为人民，上海是一座人民城市，也是世界的城市，外滩将继续见证中国扩大开放并与世界深度融合的步伐与进程。

整理撰稿：杨涤

二、江南造船厂（1865年）：大国重器的生产基地

2022年6月17日，我国首艘自行设计建造的弹射型航母003型福建舰正式下水，承建003型航母的江南造船厂受到了国内外的瞩目。

位于上海的江南造船厂拥有上百年的历史，只要提起中国近代产业历史，就不可能绕开江南造船厂。从1865年江南制造局

福建号航空母舰下水

成立之日算起，到今天它已经走过了 150 多年的风雨历程。150 多年来，江南造船厂饱经历史沧桑，经久不衰，创造了无数个中国第一：中国第一炉钢、第一门钢炮、第一艘铁甲兵轮、第一台万吨水压机、第一艘潜艇、第一艘"远望"系列航天测控船等。

江南造船厂是我国创办最早、规模最大的近代民族工业企业，是中国近代船舶工业的发祥地，也是我国第一代产业工人的摇篮，更是中国共产党领导下的工人运动的红色堡垒。1920 年，江南造船所（江南造船厂前身）工人李中加入了上海社会主义青年团，不久成了中国共产党发起组成员。从 1941 年起，所内造船部、造机部先后建立党支部。到 1945 年，全所主要部门几乎都有党员。可见，江南造船厂很早就具有红色基因。

（一）江南造船所：洋务运动催生的"中国制造"

1840 年鸦片战争爆发，英国人用坚船利炮敲开了中国的大门。1861 年第二次鸦片战争爆发，腐朽的大清王朝再一次屈服于西方的坚船利炮之下。根据第二次鸦片战争后的《北京条约》，清王朝被迫设立总理衙门专门处理各国通商事务，国门被迫进一步对外打开。

经过两次鸦片战争后，一些学者如魏源在《海国图志》中主张"师夷长技以制夷"，冯桂芬在《校邠庐抗议》中主张"以中国之伦常名教为原本，辅以诸国富强之术"。为了支撑危局，在镇压平定太平天国运动不久，中国掌握实权的各级主要官吏痛定思痛，在奕䜣、曾国藩、左宗棠、李鸿章、张之洞等中央到地方的大员的推动下，发起了轰轰烈烈的洋务运动。他们"师夷长技以自强"的目的，一是镇压太平天国，二是在中外"和局"的条件下，徐图中兴。于是这部分官员亲自出马，除了从国外采购武器装备和战舰，成立了北洋水师、南洋水师、广东水师和福建水师，还积极引进外国的先进的武器生产设备，聘请外国的科技人员，建造了一系列制造局、电报局、铁路局。

1865 年，清政府购买了上海虹口地区洋人的一家铁厂，并入原有的两个洋炮局（苏州洋炮局和上海洋炮局）后，组建了"江南机器制造总局"，这就是江南造船厂的前身。在丁日昌和李鸿章的努力下，清朝拨付了一笔经费，并将上海城南的 70 亩（1 亩 ≈ 666.667 平方米）地拨给江南机器制造总局作新厂址。在朝廷的支持下，除了建造传统的造船厂外，江南机器制造总局还添设了枪炮厂、炼钢厂、锅炉厂，甚至还筹办了附属的职业学校、翻译馆、巡警营。

1868 年，由江南机器制造总局制造的第一艘明轮蒸汽动力军舰成功下水。虽然这艘军舰排水量不超过 1 000 吨，其动力系统还直接采购自外国，但它实现了中国从传统的木制风帆军舰向近代蒸汽动力军舰的飞跃。这对于中国近代造船业而言是一个巨大的技术进步和飞跃。此后江南机器制造总局又设计制造了多艘蒸汽动力军舰，其技术也越来越先进，螺旋桨取代了明轮，铁甲取代了木制船壳。到了 19 世纪 80 年代中期，大量江南机器制造总局设计制造的军舰开始进入清政府海军，海军的军舰也以

1865 年创建的上海江南造船厂旧照

国外购买的主力舰为主，辅以国内制造的军舰。

　　然而，洋务运动的出发点是"师夷长技以制夷"，根本目的还是维护清王朝统治，并没有认识到中国落后挨打的根本原因是清王朝腐朽的政治体制。以慈禧太后为首的清政府并没有长远的战略思维，更不会基于国家民族的根本利益去考虑未来。在平定了国内农民起义之后，便不再重视军事和军工的发展。即便是李鸿章一系洋务派大臣也不重视国内核心技术能力的储备与培养，盲目崇拜外国技术，坚持"造不如买"，军队装备依赖于从外国进口武器，致使江南机器制造总局等一批军工企业的国家订单越来越少，企业陷入难以为继的地步。

　　1905 年，清政府开始对江南机器制造总局进行改革，将江南机器制造总局拆分成专门负责修造舰船的江南船坞和负责武器弹药生产的江南制造局。为了扭转江南船坞持续亏损的情况，清政府还对江南船坞进行商业化改革，允许其承接民间订单。独立之后的江南船坞得到了快速发展，从 1905 年至 1911 年，江南船坞共建造舰船 136 艘，总排水量超过两万吨。

辛亥革命后，江南船坞改名为江南造船所。虽然名字改了，但在发展运营上，依然允许承接民间订单。为了适应海军的发展，新成立的民国政府还给江南造船所拨付了一笔经费，用以改建船坞。1912 年至 1920 年这 8 年是江南造船所发展的黄金时期，这主要是因为第一次世界大战在欧洲爆发，帝国主义列强无暇东顾，西方资本对中国的压迫有所放松，中国民族工业获得了发展的机会。此时的江南造船所除了国内的订单，还承接了不少国外的订单。其中最大的便是 1918 年江南造船所承接的美国 4 艘万吨运输舰的订单。

国民政府统一行政后，对全国的军工企业进行了一番调整。国民政府将海军轮电工作所和马尾船厂的飞机制造处并入江南造船所，还加大了对江南造船所的扩建工作，新增了一个两万吨级的船坞，这是当时中国最大的船坞。

抗日战争全面爆发后，江南造船所重要的设备和技术人员逐步迁移至重庆，但许多巨大的机械就只能留在上海。日军占领上海后，将江南造船所收归己有，并委托三菱重工负责运营。此后数年，江南造船所便被冠以"三菱重工株式会社江南造船所"的名义，为日本侵略者修造舰船。三菱重工株式会社花巨资对船厂进行了一轮扩建，增添了大量的先进机器设备，日本鬼子做着能永久占领中国，永远霸占江南造船所的黄粱美梦。

　　1945 年抗日战争胜利后不久，国民政府完整收回江南造船所。除了接收日本留下的设备外，国民政府还从美国引进了包括计算机在内的多种新设备，江南造船所的技术实力得到进一步提升。然而，由于国共内战的爆发，江南造船所的生产一直不能正常进行。

　　1949 年上海解放前夕，国民党反动派图谋将江南造船所的重要设备拆走或炸毁。所内共产党组织成立了千余人的人民保安队，广泛开展反破坏、反搬迁斗争，使所内重要设备未遭破坏，最终以护厂斗争的胜利迎来了上海解放。上海解放后，陈毅签署军管会第一号命令，正式接管江南造船所。1949 年 9 月，经过多方抢修，江南造船所终于恢复了生产和维修舰船的能力。

　　1953 年 2 月，江南造船所正式更名为江南造船厂。1953 年对于江南造船厂来说，不仅是改名，还迎来了真正发展的契机。就在这一年，新中国启动"一五计划"，即第一个五年计划，生产舰船的江南造船厂扩建工作被列为"一五计划"的重点项目。"一五计划"期间，在苏联的支持下，江南造船厂大量更新了设备，同时还获得了大量的订单，其中包括为苏联生产拖网渔船的订单。

　　1955 年江南造船厂开始建造 6603 型潜艇，这是

6603 潜艇

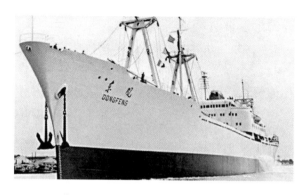

万吨远洋巨轮"东风号"

新中国建造的第一批潜水艇。1956年1月10日，毛泽东主席专程来到工地，视察正在建造的潜艇，他面带微笑，围着船台上的潜艇，整整转了一圈，一边仔细察看潜艇，一边听取汇报，并不时对细节提出问题。这是毛主席一生中唯一一次视察潜艇，极大地鼓舞了江南造船厂。这艘潜艇被海军特授荣誉舷号"56-110"。在此后的20年中，江南造船厂一共建造了60余艘潜艇，实现了从引进制造到自主研制的跨越，为新中国潜艇部队由小到大、由弱到强立下了头功。

执行"一五计划"后，江南造船厂的生产设备和技术已经远远超过民国时期，可以说完全获得了新生。1959年，江南造船厂承接了我国第一艘自行设计的万吨远洋巨轮"东风号"的建造工作，并于1965年交付。在交付"东风号"的同时，江南造船厂还建造了我国自行设计的第一款护卫舰"65型"，又创下了我国海军发展史上的一个第一。

（二）改革开放后，遵循邓小平指示，江南造船厂走出国门，打开了国际市场

20世纪70年代，邓小平提出了"军民结合、以军为主、发展民用、以民养军"的理念，要求各大造船厂打进国际市场，求得自身发展。1978 年，柴树藩被任命为第六机械工业部（简称六机部）部长，负责我国的船舶工业。1977 年的冬天，刚刚恢复工作的邓小平就把即将赴任六机部部长的柴树藩叫来谈工作。邓小平对他说："船舶工业要积极引进国外先进技术，中国的船舶要出口，要打进国际市场。"

当时，超过 90% 的船舶市场订单都被发达国家瓜分，剩余的不到 10% 的市场份额也被其余国家抢占。而我国，工业发展才刚刚起步，造船技术落后国外几十年，生产水平很低，市场份额几乎为零，知名度也为零。连国内 60% 以上的外贸海运，都是租用外国船只。想要在已经固化的市场分一杯羹，动一动别人的奶酪，困难可想而知。

落实邓小平指示，要克服诸多不利因素，首要的是要拿到国际订单。打开国际市场，中国有一个其他国家不具备的资源——海外华侨。打开国际市场说到底是与人打交道，尤其是要与关键性人物打交道，那就要利用好华侨精英资源。而那时，爱国华侨有很多国际成功人士，中国文化自古就有血浓于水的基因，只要条件合适，他们也非常愿意为祖国强大奉

六机部部长柴树藩先生

献自己的力量。

当时，柴树藩将第一个要开拓的市场目标瞄准了中国香港地区。20世纪70年代，香港船东所拥有船队总规模占到世界的十分之一，香港也因此成为国际性的航运中心和世界重要的船舶市场。香港的船东以华人为主，而且号称"世界船王"的包氏兄弟就在香港。如果能以香港为突破口打进国际市场，就会事半功倍。

包氏兄弟是英籍华人，弟弟包玉星组建了联成航运公司；哥哥包玉刚则是环球航运集团的创办者，拥有200艘船，船队规模达2000多万吨，号称"世界船王"。而且包玉刚与多国政要关系密切，还被英国封授为皇家爵士。柴树藩认为，只要拿到"世界船王"的订单，那会产生巨大的无形广告效应，一定能打开国际市场，带来更多的国际订单。

当然，这样的想法也并不完全是拍脑袋想出来的，而是基于人脉资源的"有的放矢"。1980年3月，柴树藩去拜访了时任国家旅游总局的局长卢绪章，希望由他出面，引荐一下包氏兄弟。包玉刚是卢绪章的妹夫，两个人关系非常好。在卢绪章的联系下，包氏兄弟同意由国内来建造两艘2.7万吨的散货船。其中一艘散货船，交给江南造船厂建造，这就是世沪号。

"世界船王"委托江南造船厂造船，带来了巨大的广告效应。以世沪号为开端，"中国江南型"散货船逐渐受到了国际市场的追捧，先后被美国、法国等国家和中国香港等地区的船东争相订购，自20世纪80年代以来，江南造船厂将巴拿马型散货船作

位于长兴岛的江南造船厂

为民品线的主要产品，通过不断创新来推出新一代的产品，有力支撑了企业的发展，也推动了我国船舶出口业务的发展。乘着改革开放的东风，江南造船厂也开始积极引进国外的先进设备和管理技术，并且进行了一系列的内部改革，使得船厂的生产技术和企业管理逐步走上了世界前列。

江南造船厂在商船领域取得了很大成就，它建造的液化气运输船、汽车滚装船和跨海火车渡船等等一大批现代船舶，都达到了国际先进水平。如今，中国造船业早已超越上任"霸主"日本，正和韩国激烈争夺下一任"霸主"。

（三）除了制造商船，江南造船厂还是大国重器的生产基地

新中国成立后的很长时间里，除了潜艇外，中国海军主要都

是靠从苏联进口军舰。一个有着约 473 万平方公里海域的共和国，如果长期靠着进口军舰来保卫自己的海疆，那不是和洋务运动一个思路了吗？1953 年，毛泽东检阅海军部队。他在 4 天里5 次写下题词："为了反对帝国主义的侵略，我们一定要建立强大的海军。"1958 年 6 月，毛主席再次发出号召："必须大搞造船工业，大量造船，建立海上铁路，以便在今后若干年内建设一支强大的海上战斗力量！"

1970 年，中国建造了 051 型驱逐舰，这也是中国自行设计建造的第一型导弹驱逐舰。1970 年 12 月 26 日，毛主席诞辰纪念日，中国第一艘核潜艇、新中国海军的"撒手锏"——攻击型鱼雷核潜艇正式下水。

1986 年 11 月 5 日，美国海军太平洋舰队总司令莱昂斯上将率领"里夫斯"号导弹巡洋舰、"奥尔登多夫"号驱逐舰和"伦兹"号导弹护卫舰抵达青岛，进行了为期一周的军事访问。北海舰队将当时我国最好的 051 型导弹驱逐舰大连舰开放给美国海军访问团参观，然而莱昂斯上将参观完成后却称：中国的 051型导弹驱逐舰是他见过的"保存最为完好的古董"。因为 051 型导弹驱逐舰技术水平还是 20 世纪 50 年代的水平，很多国家早已淘汰不用了。

莱昂斯上将的话令现场的中国人感到震动，中国决定研制更加先进的驱逐舰，而接受这一任务的就是江南造船厂。1991 年，由江南造船厂建造的 052 型导弹驱逐舰首舰 112 号下水。该型驱逐舰引进了大量外国设备，国产化率很低，是一个外国设备组合体，因而被很多人戏称为"八国联军"，跟当时世界最先进的几款驱逐舰相比，尚有着巨大的差距。

随后，江南造船厂没有丝毫的懈怠，咬紧牙关继续努力，不断提高研发能力和国产化率，又在052型的基础上，相继建造了052B、052C和052D型驱逐舰。其中，2012年在江南造船厂率先下水的052D型驱逐舰，已经赶上世界一流水平。中国现在总共25艘052D型驱逐舰，其中有18艘是由江南造船厂建造的。

2017年，我国自主研制的055型万吨级驱逐舰首舰南昌舰在江南造船厂下水。055型驱逐舰装备了多种新型的防空、反导、反舰和反潜武器，并且在今年还新列装了高超音速导弹鹰击-21。055型驱逐舰具有很强的信息感知、防空反导和对海打击能力，已真正达到世界领先水平。中国现在总共有8艘055型万吨大驱，其中4艘由江南造船厂建造。

进入21世纪后，国家制定了发展航母的规划。为了配合国家的战略，江南造船厂整体搬迁至上海长兴岛。在长兴岛，江南造船厂有了更大的船坞、更先进的设备。2022年6月17日上午，中国海军第三艘航空母舰（第二艘国产航母）下水仪式在中国船舶集团有限公司江南造船厂举行，在下水的同时，还举行了命名仪式，经中央军委批准，中国第二艘国产航母被命名为"福建舰"，舷号为18。

福建舰是中国完全自主设计建造的首艘弹射型航空母舰，采用小舰岛、集成化、隐身化和平直通长飞行甲板的设计，安装有先进的电磁弹射系统和拦阻系统，满载排水量 8 万余吨，目前正在按计划开展系泊试验和航行试验。它代表着中国海军发展的最高水平，装备先进的动力系统、雷达系统、通信系统、电磁弹射系统和拦阻系统。

习近平总书记指出："我国是一个海洋大国，海域面积十分辽阔。一定要向海洋进军，加快建设海洋强国。""建设海洋强国是实现中华民族伟大复兴的重大战略任务。要推动海洋科技实现高水平自立自强，加强原创性、引领性科技攻关，把装备制造牢牢抓在自己手里，努力用我们自己的装备开发油气资源，提高能源自给率，保障国家能源安全。"如今，江南造船厂切实践行习近平总书记的指示精神，致力于推进 5G 专网＋协同制造的智能化转型，推动船厂数字化转型，用数字化赋能船舶高端制造，助力中国船舶行业从"大"走向"强"。

长兴岛江南造船厂

江南造船厂开创了中国民族工业之先河，创造了百余个"第一"，已成为中国民族工业由起步走向现代的标榜垂范，更是大国重器的生产基地。我们有理由相信，江南造船厂将继续浓墨重彩地谱写中国民族工业发展的新篇章，创造新历史。

整理撰稿：杨涤

三、施特劳斯（1895 年）：宋庆龄最珍爱的钢琴

钢琴越来越受到音乐爱好者的追捧，市场上的钢琴品牌已达到几百种，这让消费者感到无所适从，甚至选择困难。那么什么样的钢琴才是好的钢琴呢？

施特劳斯是很好的选择。这里说的施特劳斯，是钢琴品牌，是纯正的中国制造钢琴品牌，但以奥地利的"圆舞曲之王"约翰·施特劳斯来命名。施特劳斯钢琴品牌诞生于 1895 年的上海，是上海的本土品牌，也是上海钢琴有限公司旗下的百年中华老字号。

（一）英国钢琴占领中国市场，对中国人严密封锁技术

钢琴是舶来品。第一台钢琴传入中国，是作为贡品进献给皇帝的。公元 1600 年即明朝万历二十八年，意大利著名传教士利玛窦把一架钢琴作为贡品进献给万历帝。到 1703 年的时候，康熙皇帝和传教士学习钢琴，已经可以在古钢琴上，弹奏中国古琴

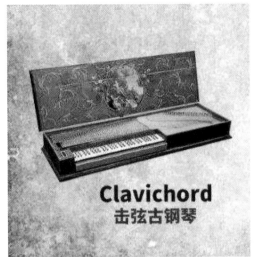

意大利著名传教士利玛窦　　　　古钢琴

曲《普安咒》了。其后，又有一些洋人来华向当时的皇帝进献过钢琴。这些进入中国的钢琴，还不是现在的钢琴模样，被称为"古钢琴"。钢琴在结构上尚不成熟，现代钢琴是用锤敲击一组金属丝弦发音；古钢琴则是通过羽毛管制作的拨子拨动一根金属丝弦发音，这导致古钢琴的音色古板，表现力狭窄。

　　第一次鸦片战争后，中国被迫开放。英国商人打起了中国市场的主意。这时的钢琴结构已经定型，音质优美柔和、洪亮、独自一人即可同时奏出主音旋律及丰富的和声。1842年，英国曼彻斯特一商人曾用货轮运了许多钢琴到广州，以为可以大赚特赚一笔。可当时中国闭塞，满足于自给自足，对"洋玩意儿"避而远之。因此，除给教会的传教士留下几台外，又原船运了回去。

　　一直到19世纪五六十年代，经过第二次鸦片战争的打击，清王朝被迫签下了一系列的不平等条约，门户洞开，各国列强蜂拥而入，在华的洋人、洋教堂、洋学堂也越来越多。洋人自己弹琴，洋教堂唱诗班需要钢琴，洋学堂开办了音乐课，教授西洋音乐也需要钢琴，西方文化开始渗透进入中国，钢琴也开始逐步为中国中上层人士所接纳，钢琴往往成为富庶之家的一种高贵摆设。

1870 年，英国商人卷土重来，在上海开设谋得利琴行，销售制造钢琴。后来，英商见钢琴销路较好，便设立谋得利上海钢琴公司，在上海组装和销售，工厂建在闸北的宝山路，毗连上海商务印书馆。1923 年，谋得利迁移到杨树浦倍开尔路（现惠民路 927 号，上海钢琴有限公司办公区域）。据说当时花了整整 28 万银元，这可是一笔相当巨大的资金。谋得利在厂区建造了一幢三层厂房和一幢英式哥特建筑风格的小洋房，厂房和小洋房保留至今。

谋得利上海钢琴公司旧址，惠民路 927 号

谋得利在中国钢琴市场占据了霸主地位。但英国人对钢琴制造技术进行严密封锁，特别是针对中国人无所不用其极，每当钢琴装配涉及关键技术时，他们总让中国人走开，击弦设备的组装与调音都关在英国技工的生产车间里完成，不让中国人看到。谋得利最初在上海开厂时，职员几乎清一色是洋人，连看门的都雇的是印度人，生怕中国人偷学技术。

但是，资本追逐利润的贪婪本性，导致谋得利不得不越来越多地雇用中国工人。当时雇用英国的工人不仅仅工钱高，而且假期多，而中国工人工钱低且任劳任怨，又服从管理。钢琴很多部件需要木工，而在当时的上海，宁波人的木工活是一流的，因此，中国第一代的钢琴制造工人几乎清一色都是宁波人。

1941 年太平洋战争爆发，美英与日开战，谋得利琴行也正式关闭。谋得利琴行虽然只有 70 余年的历史，但谋得利的名字与中国钢琴制造业的起源与发展紧紧地联系在一起。

（二）掌握核心技术后自创品牌，赢得众多名人喜爱

前文已经说过，英国人想霸占中国市场，对中国人严密封锁技术。可任凭英国人如何严密封锁，随着市场销售良好和生产规模扩大，原有的英国技工已经远远不够，于是不得不招用中国的工人。这就使中国工人（也就是前文提到的第一批宁波人）逐步加入钢琴组装的外围环节。在生产过程中，在英国人的严密封锁和监视下，他们偷师学艺，默默学习钢琴核心装配与调音技术。中国工人天资聪颖、刻苦好学，逐渐摸索掌握了钢琴制作的核心

技术，这期间经历了 20 年左右的时间。

到 19 世纪 90 年代，在掌握了钢琴制造工艺与技术后，一些有远见的工人想自己开厂造钢琴，一是钢琴生产的赢利丰厚，商机好；二是受够了洋人的欺压剥削，想要自己去闯一片天地。1890 年初，从谋得利钢琴厂离职的黄祥兴与程定国合伙创立祥兴琴行，从加拿大进口奥托梅洛的击弦机，从德国与英国进口琴弦，组装苹果（Apple）钢琴与福斯特（Foster）钢琴开始出售。

1893 年，原祥兴琴行合伙人程定国独立开设永兴琴行，专事钢琴制造。两年后，永兴琴行生产的钢琴品牌施特劳斯（STRAUSS）诞生，凭借过硬的质量、合理的价格，施特劳斯牌钢琴风靡沪上。随着市场需求的不断增加，至 1947 年永兴琴

施特劳斯百年荣誉墙

行已发展为三家，分别为永兴兴记、永兴顺记、永兴利记。

施特劳斯钢琴的诞生，标志着东亚第一个自有钢琴品牌正式登上历史舞台，对于中国以至于整个亚洲的钢琴制造业发展具有里程碑式的意义。诞生于上海的民族钢琴品牌，代表着沉睡中的旧中国日渐觉醒，从此开启民族钢琴产业自主发展的道路。

从1895年诞生开始，施特劳斯钢琴在这120多年的岁月中不但陪伴了过百万的音乐爱好者，更是众多名人名家的首选品牌。宋庆龄，音乐教育家黄自、贺绿汀等大家名流都曾经拥有并弹奏施特劳斯钢琴。近年来施特劳斯屡屡登上《中国好声音》《中国达人秀》《音创未来》等舞台，受到了中外音乐家的喜爱。

徐志摩第一次见到民国才女林徽因的时候，林徽因演奏了一首贝多芬的《月光奏鸣曲》，徐志摩听得如痴如醉，仰慕不已。后来徐志摩送了一台钢琴给林徽因，这台钢琴就是施特劳斯钢琴，现在这台钢琴依旧安置在林徽因故居中。

位于北京后海的宋庆龄故居被认为是"北京城最美的名人故居"之一。宋庆龄共在这里工作生活了18个春秋，故居中藏品一万余件，其中包括了一台施特劳斯钢琴。宋庆龄与宋子文虽政

宋庆龄故居的施特劳斯钢琴

见相左，但姐弟情谊笃深，弟弟送给她的施特劳斯钢琴，被她视为珍爱之物，一直陪伴着宋庆龄。

新中国成立后，1956 年，国家启动公私合营，包括永兴琴行三家琴行在内的上海 29 家琴行进行合并，在谋得利旧址惠民路 927 号成立了上海乐器厂，实现了国产钢琴的集中生产、规模生产。

1962 年在厂部科研人员的努力下，上海乐器厂在国内首创了不饱和树脂漆涂饰工艺。该漆种已成为当今世界最普及的钢琴涂装方式。1964 年，由于原材料匮乏，上海乐器厂开创性试制成中国独有的多层毡呢弦槌。其间，自制以及与上海机械厂联合研制了多款钢琴生产专用机床、大批专用工具，并提供了大量人员、设备、技术支援北京、广州、营口等地的钢琴厂的建设。现在中国的几大钢琴品牌可以说都离不开上海乐器厂的人才和技术输出。

1967 年 2 月，上海乐器厂更名为上海钢琴厂。为了进一步提升产品质量，厂部于 1976 年引进西德七轴铣床，用于生产核心部件击弦机的总档，将产品的标准化推上了新的台阶，并引进荷兰砂光机，大幅度提高了产品质量及生产效率。厂区扩建 14 000 平方米，新增烘窑，形成了从原材料到产成品的一体化流程。

1977 年，在厂部技术人员的努力下，全面修订 2 215 道生产工艺规程，并于 1979 年完成击弦机轴架钻眼自动化改造，消化气垫轧床、流转车两项新技术。

1984 年，为提高外壳质量和加工能力，以 18.7 万美元引进木材加工设备 17 套。同年，杨东部建一厂生产基地动工，投资 1 235 万元。

1985 年，引进美国专用钢琴击弦机设备 205 台／套。1986 年，杨东生产基地投产，形成现代化规模生产线。1987 年，引进日本涂装流水线。大、中、小三款基础击弦机系统定型。同年 11 月，为了迅速发展钢琴工业生产，扩大上海钢琴产品在国内外市场的覆盖面，决定将上海钢琴厂、上海乐器修配厂等合并组建上海钢琴公司，并将公司的大门调整到了厂区东侧的江浦路 627 号。

20 世纪八九十年代，是施特劳斯品牌的高光时刻。当时，施特劳斯钢琴热销全国，高峰时年产过万台。在那个"两张电视机票换一张钢琴票"的时代，施特劳斯钢琴不仅是家庭中价值不菲的大件，更是格调与品位的象征。

（三）借势上海打响"四大品牌"，施特劳斯与浙江德清"钢琴乡"合作

受国外钢琴大量进入中国市场以及市场经济的兴起等因素影响，施特劳斯在 20 世纪 90 年代后期市场占有率节节下降，品牌也出现弱化趋势。当时已更名为上海钢琴有限公司的上海钢琴厂陷入连年亏损，濒临倒闭。2004 年，上海钢琴有限公司从英雄实业划转到红双喜集团。同年，在国企"抓大放小"的背景下，上海红双喜（集团）有限公司成为金山区属国企。

2018 年，上海提出全力打响上海"四大品牌"[1]，老字号振兴

1　上海"四大品牌"是指"上海服务""上海制造""上海购物""上海文化"。

上海施特劳斯钢琴文化展示中心

也成为上海打响"四大品牌"工作的重要抓手。你有"品牌"，我有"产业"；你有"创意"，我有"平台"；你有"产品"，我有"场景"。施特劳斯是上海的老字号、老品牌，也是民族工商业的产业符号，秉持优良的品质与匠心，具有开放的理念与格局。2009年，施特劳斯选择主动出击，带动长三角实体经济共同发展。

　　2019年5月7日，上海钢琴有限公司与浙江乐韵钢琴有限公司签署战略合作协议，约定在生产制造、品牌推广、市场开拓等领域开展全面合作。10月，上海施特劳斯钢琴有限公司在金山枫泾注册成立，"上海品牌"与"浙江制造"联手成立跨省合资合营企业：位于上海的施特劳斯钢琴有限公司负责品牌运营与市场推广，位于浙江德清的乐韵钢琴有限公司作为生产基地。上海施特劳斯钢琴有限公司在2020年全年实现钢琴销售2 000多台，正式运营第一年即实现盈利。

　　上海钢琴有限公司在合资公司成立后，成功进行了人员分流。2020年开始培育发展钢琴后服务业务，主要为售后服务和

定制款中国红三角钢琴

定制款彩色涂鸦钢琴

调律、调律师培训、音教培训和艺术活动等。如今上海钢琴有限公司开展定制琴等钢琴销售业务、钢琴后服务业务等，同时拥有除施特劳斯以外的上海、卡尔曼、希维顿等钢琴品牌。其定制款中国红三角钢琴入驻金山区党群服务中心，与马利合作的彩色涂鸦钢琴进入马利艺术空间，进一步丰富了红色与年轻化的元素。

　　百岁老品牌施特劳斯钢琴的强势回归，可以说是奏响了振兴上海老字号品牌复兴的序曲，为长三角企业深度融合发展提供了范例。上海钢琴有限公司也成功转型，轻松上阵，在市场中找到了新的机遇。

整理撰稿：吕明霞[1]

1　吕明霞，红双喜集团副总经理。

四、朵云轩（1900 年）：老上海人眼中的文房四宝

20 世纪 40 年代，张爱玲在她的《金锁记》中写道："三十年前的上海，一个有月亮的晚上……我们也许没赶上看见三十年前的月亮。年轻的人想着三十年前的月亮该是铜钱大的一个红黄的湿晕，像朵云轩信笺上落了一滴泪珠，陈旧而迷糊。老年人回忆中的三十年前的月亮是欢愉的，比眼前的月亮大，圆，白；然而隔着三十年的辛苦路往回看，再好的月色也不免带点凄凉。"

"朵云"是古人对书信的雅称。所谓"信笺"就是一种信纸，民国时期的文人、作家虽已受到西方文化的洗礼，但他们从小都受过传统的四书五经教育，骨子里浸润着很浓的中国文化，他们写信喜欢用一种印花信笺，所印的花样大多是中国历史上的名家字画，在这样的信纸上写信很风雅，是一种时尚。张爱玲说到的"朵云轩"，就是出售这类信笺的一家名店。

（一）朵云轩在老上海人眼中，代表文房四宝

在上海的南京东路步行街，有这样一家门店，大门上面挂着一块牌匾，上书三个大字——"朵云轩"。名字听起来就有文化气质，这可是一家南京东路上的百年老店，创立120多年。进了朵云轩，就可以看到这里陈列出售的都是跟字画有关的东西：笔、墨、纸、砚、印章、印泥等。在老上海人的眼中，朵云轩是文房四宝的代名词。笔、墨、纸、砚，只要是在朵云轩购买的，用起来就特别有范儿，那是名牌。学习毛笔字时，如果拿的是一支朵云轩的毛笔，不好好练字都会心怀歉疚，不是"白瞎了这个人"，而是"白瞎了这支笔"。

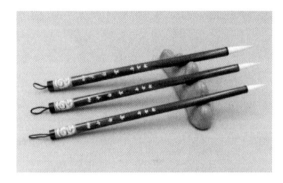

朵云轩毛笔

朵云轩虽是众所周知的百年老店，经营风格却始终低调，几乎不会出现在媒体广告中。朵云轩在上海本地，完全是靠口碑，上海人对朵云轩情有独钟，只要涉及文房四宝或是字画等艺术品，人们第一个想到的就是朵云轩。

朵云轩自己并不生产，它只是一个经销商，是一个高档文化用品的销售门店。只不过朵云轩销售的东西品质档次非常高，进的货都是高档货，品控很严，如浙江湖州的毛笔、江苏苏州的颜料、安徽宣城的宣纸、广东高要的端砚，还有江西的水盂和色碟、苏杭的扇货、上海的色笺洒金和绫裱轴对等，都派专人严格

把关和筛选。

除了文房四宝，朵云轩还销售古玩字画、文化艺术品等。在朵云轩可以看到中国历朝历代的众多名人字画，很多出自大家之手，甚至是绝世的孤品。隽永秀丽的印章、晶莹剔透的玉器挂件、小巧精制的木制古玩，每一样都独具特色，让人爱不释手，那种独特的文化韵味让人流连忘返。

（二）从"笺扇庄"到"文化客厅"的演变

1900 年，国内局势一片混乱，江浙地区许多人纷纷跑到上海避难，各地书信往来一时间大增，这就使得人们对文房四宝、信笺雅扇的需求也日增。当时，就在今天上海的河南中路、福州路一带，云集了大量的笔墨笺扇店铺，字画等艺术品交易也非常活跃。

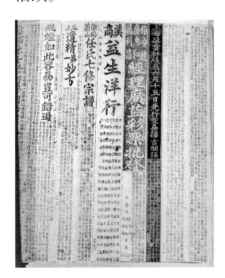

朵云轩开张时在《申报》上刊登的广告

有一位名叫孙吉甫的文化生意人瞅准时机，在上海的河南中路创办了"朵云轩笺扇庄"。"朵云轩"的店名牌匾是集北宋书法家米芾的书帖而成的。"朵云"取自《新唐书·韦陟传》中所记韦陟"常以五彩笺为书记，使侍妾主字若五朵云"，是对人书信的雅称，"轩"为小室之意，"朵云轩"之名也由此而生。

　　朵云轩在创立之初，就开宗明义提出："鱼网龙须早结名流之契，鹤翎凤尾奉扬君子之风。"其中，"结名流之契"和"扬君子之风"不仅仅是笺与扇的基本功用，也表达了要汇聚文化名流和传承优秀文化之意，这几乎成了朵云轩传承上百年的经营理念。

　　在经营中，孙吉甫另辟蹊径。为了使信笺、画笺、扇面更加高雅，他广邀当时的书画家进行仿古设计，还聘请精通木版水印工艺的老师傅，采用中国古老的雕版印刷技艺进行手工印制，复刻各类中国古代字画。不出几年，朵云轩制信笺、画笺、扇面蜚声四起。

　　当时上海很多文人雅士、社会名人都使用朵云轩制的信笺、画笺、纸扇等。例如，国学大师章太炎泼墨挥毫时，喜欢用"朵

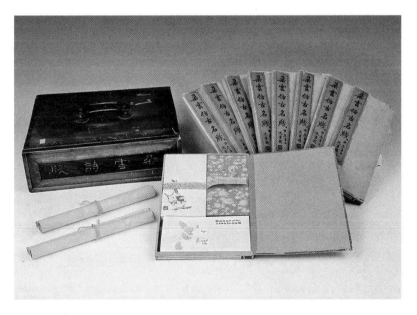

朵云轩诗笺

云轩属云"宣纸画笺；晚清民国时期著名国画家、书法家、篆刻家，"后海派"代表，杭州西泠印社首任社长吴昌硕，还有诗、书、画、印四绝的著名艺术家来楚生等使用的诗笺上皆印有"朵云轩监制""上海朵云轩海月笺"。

孙吉甫不仅生意头脑灵活，自身也有文化底蕴，为人豪爽，格外注重以诗书画结交文化界朋友。他遇到书法家、画家或者书画收藏家，总将他们请来朵云轩做客，赏画览字，展卷切磋，同时也一起品茶、饮酒、吟诗、赏曲、弹唱和畅聊。日子久了，朵云轩的社会名流、文人雅士越聚越多，很多社会名流都是朵云轩的座上宾，甚至包括上海滩大亨黄金荣、杜月笙这些没啥文化却仰慕文化的黑道人物，都曾派手下来朵云轩购买字画。

渐渐的，朵云轩的生意就不限于售卖文房四宝了，而是做起了书法与绘画作品的中介生意。所谓中介生意，类似现在的"订制生产"，比方说，你要想买某某人的字画，通过朵云轩可以向书画家直接"订制"，生意一旦做成，朵云轩可获得一定比例的中介费。本质上，这和现在的房地产中介也差不多。朵云轩代理销售作品的书画家，最多时达到数百位。

这些书画家的名字都列在朵云轩为顾客准备的一部名录上，上边标注好各人书画的价格，挂在朵云轩堂上，这个名录就像饭店的菜谱，不过它有个文雅的名字，叫"润格"，实际就是书画的价格。润格高低依书画家名气、技艺、尺幅甚至题材而不一。

但字画中介生意，门槛不高，是任何一家画廊都能做的，朵云轩之所以在众多的店铺中脱颖而出，靠的是独门功夫——木版水印！前文说过，朵云轩曾经用木版水印仿古，制作信笺、画笺、纸扇等，在字画生意做大后，朵云轩开始用这种技术进行字画复刻。

中国木版水印有1 000多年的历史，木版水印根据水墨渗透原理显示笔触墨韵，再现墨的浓淡干湿和水渍痕迹，每一幅木版水印都与众不同，可逼真地复制各类中国字画，最能体现中国字画的水墨神韵和雅致飘逸。朵云轩用木版水印复刻出来的画作，几乎达到以假乱真的地步，就连画家本人也分辨不出来。例如，南京老画家钱松嵒途经上海私逛了一下朵云轩，发现自己交给朵云轩出版的画作竟然被挂在朵云轩堂上标价出售，心中颇觉不爽。直到回到南京不久，他收到朵云轩送还的原稿和木版水印复制品样本，才惊叹朵云轩的木版水印精美绝伦，几可乱真。

朵云轩木版水印《明刻套色西厢记图册》

（三）抢救收藏大量民间流散珍贵文物，与时俱进与国际规则接轨

新中国成立后，朵云轩实现公私合营并几度调整，但始终坚持开展书画收购业务并抢救收藏了大量民间流散珍贵文物。朵云轩尤其注意对旧书画、印章、碑帖拓片、墨迹、印谱、折扇、文房用品及古玩的收购，并对所收物品辨伪识真，抢救整理，要么提供珍品交国家博物馆保藏，要么自行收藏、展出、出版或销售。朵云轩有 3 次规模较大的收藏行动，总共收藏了 10 万多张碑帖、3 万多张书画，还有大量的印章等。20 世纪 80 年代，朵云轩已成为上海艺术品行业无可争议的龙头企业。

1987 年秋，朵云轩组织团队到中国香港学习参观，他们惊讶地发现，两地书画的差价高达 10 倍甚至更多。国际拍卖行佳士得、苏富比在香港的艺术品生意做得风生水起，高端的文物和客户接踵而来，这种情况让朵云轩团队很震撼。

1992 年 4 月 26 日，朵云轩与香港九华堂合作，在香港的海港酒店首拍，其中的拍品就包括来自朵云轩的一批书画。当时，杨善深《翠屏佳选》以 77 万港元成交，高奇峰《猴子图》更是拍出 82.5 万港元的天价。合作拍卖前后共举办了 4 场，在此过程中，朵云轩团队还考察了佳士得、苏富比这两家规模更大、拍品层次更高的国际拍卖公司。他们把握了拍卖的全流程，学习了国际最先进的艺术品经营方式，也坚定了朵云轩要在内地开辟拍卖新路的决心。

1992 年，朵云轩注册成立了中国第一家艺术品拍卖公司。

1993 年 6 月 20 日，朵云轩在上海静安希尔顿酒店二楼举办内地首次艺术品拍卖会，现场座无虚席。丰子恺的《一轮红日东方涌》是第一件拍品，从 1.8 万港元（那场拍卖会使用的计价单位是港元）起拍，最终以 12.8 万港元成交，这也创出当时丰子恺作品的最高价，成交时全场掌声雷动。张大千《晚山看云图》以 143 万港元成交。此后，又有一件任伯年之作突破百万港元大关。整场拍卖最终收获了 830 万港元总成交金额的佳绩。

21 世纪头十年，朵云轩又进军多个艺术品新兴业务，形成涵盖拍卖、门店销售、古玩、艺术经纪、电子商务、艺术教育、艺术会展及木版水印制作经营的艺术品产业链，成为中国艺术品市场的领跑者。

今天的朵云轩，同上海这座城市一样，有了很大的发展。在跨越世纪的历史长河中，这块"金字招牌"的练就，其实远远超出买卖本身。习近平总书记一直倡导文化自信，朵云轩从事的业务就是一种自信的文化事业，朵云轩三个字更耐人咀嚼的意义在于，它传承着中华民族文化艺术的宝贵遗产。朵云轩作为具有广泛知名度的上海代表性文化艺术品牌，在文化传承的基础上，进行产品、服务、技术和模式等方面的创新，必将进一步释放百年品牌蕴藏的巨大潜力，为上海成为卓越的全球城市和国际化文化大都市做出更大的贡献。

整理撰稿：杨涤

五、马利（1919 年）：独具韵味的中国颜色

　　马利（Marie's）是什么？是超级玛丽吗？别逗了！虽然发音一样，可字儿都不一样。

　　在你小时候，美术课上用的颜料是什么牌子？是马利吧？在学生时代的美术课上，一盒外包装以黑白为底色且带有玫瑰花图案的水粉颜料几乎是标配。今天，在中国任何一座城市，哪里有学校，哪里就有马利；哪里有绘画，哪里就有马利。它似乎无所不在。丝滑艳丽的蜡笔和水粉颜料，可以让孩子们在白纸上尽情

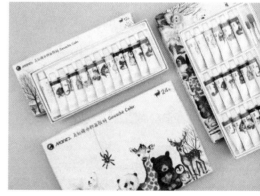

马利颜料

涂抹自己的梦想。价格适中的油画颜料，可以让初学绘画的人们在画布上肆意勾勒自己的创意。

以独特"双马头"为标志的马利牌画材，可能是许多人美术启蒙的记忆。很多人都以为这是个外国牌子，但实际上创办于1919年的马利是一个地地道道、土生土长的中国百年品牌。

中国著名画家陈逸飞曾经说过一句话：马利的历史也是我们中国画家发展的历史，是连在一起同步成长的。

（一）"马利"的含义：马到成功，利国利民

20世纪初，西洋画随着宗教传播进入中国。然而绘画用的颜料却都是从英国、德国和日本进口的，价格昂贵不说，市场供应非常紧俏，甚至有些颜料用于京剧演员画脸谱时还常会伤害皮肤。目睹昂贵的外国颜料在中国画坛一统天下的局面，有人坐不住了，决心创立民族品牌，生产中国自己的美术颜料。

马利品牌创始人之一是张聿光（1885—1968年）。张聿光，字鹤苍头，别号冶欧斋主，浙江绍兴人，著名美术家、画家。新中国成立后，张聿光被聘为上海中国画院画师，还曾担任中国美术家协会会员、美协上海分会理事、上海市文史馆馆员。其传世作品有《黄山云海图》《孔雀图》等，出版有《聿光画集》二集（1935年）。除在绘画艺术是大师外，他对现代舞台美术、电影布景都有先驱创造，他还是中国近代漫画的元老，但以后的漫画界几乎把他遗忘。

1912年，张聿光与刘海粟等人创立上海图画美术院（上海

美术专科学校），任校长。张聿光因授课较多而无暇主持工作，校务工作便由刘海粟、丁悚、王济远等去做。此后他逐渐脱离学校，校长一职也转由刘海粟担任。

从事绘画美术工作，颜料画笔都是必需品。在第一次世界大战期间，国内画材尤其缺乏，靠国外进口也不便。1919 年，张聿光的一些朋友创立了马利工艺厂，经营尚满意，邀请张聿光也参加，他即以一批颜料原料投入作股。为表齐心合力，股东十人选了十笔画的繁体字"馬"，取"马到成功"之意；加上"利"字，希望颜料厂能够"利国利民"。就这样，马利工艺社诞生了。创立当年，马利工艺社生产出国内第一瓶广告色颜料，这是中国人第一次凭自己努力生产的美术颜料。1920 年，马利工艺社再接再厉，又生产出国内第一支水彩颜料。1934 年，马利牌经当时的民国政府核准为注册商标。马利的商标于 1935 年由当时与徐悲鸿并称"南歌北徐"的戈湘兰设计完成，从那时开始，马利商标上的圆形马头图案，逐渐深入人心。

马利商标

马利在历史上创造了许多个第一：中国第一支水彩颜料、第一支油画颜料、第一支蜡笔、第一支软管国画颜料、第一支丙烯颜料……进入 21 世纪，马利的画材产品更为丰富，已覆盖各大画种。

（二）天安门城楼上毛主席像的指定颜料

新中国成立以后，马利扩大了资产，添置了设备。1962年，上海美术颜料厂生产出中国第一支软管国画颜料，突破了长期以来块状颜料的传统，更方便了大众使用。

改革开放春风劲吹，上海美术颜料厂和上海实业（集团）有限公司，以中外合作的方式成立了上海实业马利画材有限公司。利用引进的外资，马利画材大胆技术创新，在国内首先推出了环保型的铝管装颜料。数十年来，马利一直保持着行业龙头地位。

1999年新中国成立50周年前夕，马利接到了来自北京的一个"秘密任务"——天安门城楼管理处希望用中国制造的颜料为毛主席画像。于是，马利进行了技术攻关，研制出785艺术家系列高级油画颜料。从此，马利颜料成了绘制天安门城楼上毛主席像的指定颜料。

马利自诞生之初，就非常重视与画家等交流，注重客户体验，不断改进产品，这一点有点类似朵云轩。让画家来参与中国

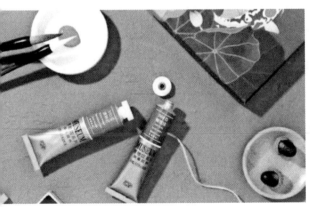 

马利颜料

画颜色标准的定制，可以说是马利最睿智的经营传统，也使得马利成为知名画家使用的画材颜料。如 20 世纪 80 年代国画中的花青色标准未定，谢稚柳先生提议以其师张大千所用花青色为标准，几经试验，马利最终研制出了符合标准的花青色，并沿用至今。大师们千古流芳的作品里，都流淌着马利的印记。

曾设计过北京奥运会吉祥物"福娃"的艺术大师韩美林，想画一匹马，但马毛不能采用传统的勾勒方式，他更喜欢墨汁自然外溢的渲染效果，自己做了很多的尝试，但始终达不到理想的状态，于是找到了马利。马利经过近 3 年研发，辗转北京、杭州、上海等地数十次试笔，最终研制出符合韩美林先生要求的"中国墨彩"。

中国绘画的颜色之所以独具韵味，是因为使用的颜料与西方油画的油料完全不同。不起眼的罐子里放着的色粉很可能前身就是宝石级的矿物，价值高达几万元一小罐。每一种颜料具有很高的技术含量，黏度或者手感，都须用专门的仪器测试出数据，把使用者的感觉用具体的数字表现出来，以满足画家对颜色耐厚性、晕染性等的需求。如今，马利的国画颜料标准几乎成为最高标准。

（三）马利——中国驰名商标和上海礼物

马利于 1997 年被国家工商行政管理局商标局认定为首批"中国驰名商标"，被上海市工商局认定为首批"上海市著名商标"，2011 年被商务部认定为"中华老字号"。2018 年 6 月 7

日，马利牌国画颜料获得首批"上海品牌"认证。

2022 年，马利推出的"春绛万物"国画礼盒系列，秉承传统国画取动物胶制成的古法工艺，色彩艳而不俗，弥久如新。马利走进久事美术馆，走进外滩，与久事文传共同推出"马利 × 久事美术馆"24 色莫兰迪色系重彩油画棒，整体充满艺术感、时尚感。这是老字号的一次创新尝试，彰显了上海城市文化与海纳百川的时尚风潮，更有百年工匠传承下来的品质保障。两款产品同时入选了 2022 年"上海礼物"名单。

马利正在从生产制造型的传统企业向品牌经营的现代企业转型，提升产品核心竞争力，扩大品牌影响力，打造具有马利特色的艺术文化型企业。马利与多领域、多行业的知名品牌开展跨界合作，比如彩妆、服装等。

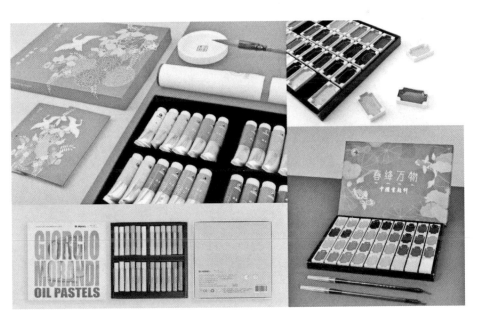

入选"上海礼物"名单的两款马利

　　2021 年，马利又将目光投注到二次元领域，于当年 12 月 18 日，官宣了其虚拟代言人——名为"马小利"的原创二次元形象，一个永远 16 岁的元气美少女。其兴趣爱好是绘画，形象设计提取了品牌中"马"的元素，还加入了画家帽、笔刷、水桶等绘画元素。

虚拟代言人马小利

虚拟代言人马小利画新年贺图

　　毫无疑问，百年老字号马利试图通过跨界积极链接年轻消费群体。"马小利"的形象无论是人设、服饰，还是配色、细节等方面都符合年轻潮流。

　　马利还主动触网新媒体平台，与被称为"二次元大本营"的B站展开合作，吸引自称"老二次元"的"宅文化"人群，力图通过绘画文化的传播与运营来带动绘画材料的销售，这是一次颇有创意的跨界破圈之旅。

　　位于金山区海汇街的马利艺术空间于2023年2月2日开业，店内集结了其实际控股股东红双喜集团的关联老字号产品，不仅展示了马小利（后改为"马小莉"）和全新的Q版形象"马马利利"，还有马利的众多画材产品、文创产品等。

马利艺术空间

　　马利产品包括水彩、水粉、油画、中国画、丙烯画颜料，以及粉画笔、油画棒、蜡笔等十几个大类，品类逾 2 000 个，远销世界 60 多个国家和地区，包括美、法、英、意、荷等发达国家。

百年辉煌特配绘画铅笔

马克笔

时尚生活系列水彩系列

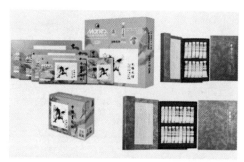

国画系列

油画系列

如今马利的员工以 90 后、00 后为主，他们朝气蓬勃，干劲十足，希望用自己的力量让这个老字号发光发热。百年国潮是前浪的积累，更是后浪的创新，愿更多年轻人为百年品牌注入活力。

整理撰稿：吕明霞

六、上海制皂（1923 年）：匠心制皂，百年传承

说起老上海人的回忆，老一代洗澡、洗脸、洗衣服都离不开上海制皂厂的一系列产品。而上海制皂厂就是上海制皂有限公司的前身，从 1923 年创立到 2023 年，已经走过了整整 100 年。

（一）中国人用皂简史

在电影和电视剧里，我们经常可以看到一位古代女子坐在一个很大的木桶里泡花瓣浴，有人会问：仅仅用这些泡花瓣的水，能够将身体和头发上的油脂清洗干净吗？油脂可是极难溶于水的。其实，影视剧里的描述也不是空穴来风，只是水里面很可能还有其他成分。早在三千多年前的周代，人们就开始用淘米水或草木灰水洗澡去污，不仅便宜、去污效果好，而且具有非常好的保健功能。

在西晋时代，澡豆逐渐成为贵族士大夫阶层不可或缺的生活用品。当时人们嘲笑一个人土气，缺乏良好教养，不懂得上流社

会的卫生习惯，往往就会说此人"不识澡豆"。唐代名医孙思邈在其所著的《千金方》中提到澡豆配方。差不多同一时期，人们发现了皂荚。皂荚还有一个名字叫作皂角，这是一种豆科植物，最晚在南朝萧齐时期，市场上已经有人专门出售皂荚。皂荚有润滑爽利、消除垢腻以清洁皮肤的作用，因此为古代美容方中所常用。

南宋时期出现了"肥皂团"，即将皂角树所结的果荚煮熟捣烂，加以香料、白面搅拌，并搓成丸。"肥皂"一词最早见于宋人庄绰所著《鸡肋编》，书中记载："（肥珠子）木亦高大……子圆黑肥大，肉亦厚，膏润于皂荚，故名肥皂。"这种"肥皂"虽与西方近现代意义上的肥皂含义不同，但功能类似，故此后中国对这一舶来品的翻译就沿用了"肥皂"这一名称。

明清时代，民间对澡豆做了改进，将砂糖、猪油、猪胰、香料等成分按比例共混研磨，并加热压制成型，制成"胰子"。这种胰子中的猪油被脂肪酵素部分地分解成了脂肪酸，进而被碳酸钠皂化成了真正的脂肪酸皂（现代肥皂的主要成分），可以说与现代肥皂只有一步之遥。直到现在，还有不少人管肥皂叫"胰子"。

（二）近代上海，本土"胰子"备受"洋碱"打击

现代肥皂进入中国的最早时间，比较可靠的记载见于1854年英商在上海所做的广告。1854年，英商洋行率先将肥皂传入上海市场，数量极少，主要供应居住在上海的外国人使用的。而后上海的一些洋行开始批量进货，销往全国各地。中国民众将这

些外来的肥皂叫作"洋碱"。当时，对于上海本地居民而言，使用肥皂尚属一种高档消费，因此售卖肥皂的洋行多在广告后标明"蒙士商赐顾"。可见除洋人外，只有少数富有资财的士商会购买肥皂，并将之作为礼物互相馈赠。

1888 年，英国商人美查兄弟（Major Brothers & Co.）率先于上海投资生产肥皂。美查兄弟离开中国后，该厂在沪业务转交英国祥茂肥皂有限公司经管。此后直至 20 世纪 20 年代，祥茂牌洗衣皂一直占有上海乃至国内较大的市场份额。

德国人的固本肥皂厂开设于 1908 年，由德商购下法商锡纸厂改设。1917 年，中国对德奥宣战后，固本肥皂厂停业，德侨归国。1921 年，浙江商人、五洲药房总经理项松茂看准时机，力排众议，以 12.5 万两白银接手固本肥皂厂，并于 6 月将总资本扩充至 100 万两白银，将其易名为"五洲固本药皂厂"，这是中国人首次步入现代肥皂行业。

当时，项松茂原想沿袭德商经管时期的制皂工艺——石灰碱化间接制造法。但该工艺创始人在英、美、德三国均注册专利，故而采用者都严守秘密，不肯外泄。项松茂于是亲赴日本考察，并详细探听日本的制皂过程，亦不得其法。随后，项松茂委派制皂部主任傅怀琛以临时工身份化名进入英商在中国的肥皂工厂进行观察，才弄清制皂工艺的关键。项松茂带领技术团队经过不懈努力，一次次试验，最终试制生产成功。

此后，固本在外商盘横的肥皂市场中异军突起。那时，反帝爱国运动蓬勃发展，社会各界大力倡导国货，加上五洲固本皂药厂的产品质好价廉，五洲牌爽身粉、荷叶荷花牌肥皂、固本肥皂等都深受国人喜爱，销量大增，成为当时的潮牌好物。这引起了英商的敌视和妒恨，他们将固本视为最大的竞争对手。

固本肥皂的海报

　　20世纪的前20年是上海民族肥皂工业快速发展时期，究其原因，主要是在第一次世界大战期间，交战双方对肥皂等军需物资的需求大幅增加。然而各交战国的制造工业受战争影响，应接不暇，因此大量的军需物资都需从中立国或受波及较小的国家进口。这一时期，上海凭借港口优势和发达的肥皂工业成为中国肥皂出口重镇。另外，辛亥革命之后，中国的社会结构发生巨变，民族资产阶级的政治地位得到提升，各类富商绅士投资办厂热情高涨。1919年后，随着民众爱国反日情绪的持续发酵，"提倡国货，信用国币，保全国信"的呼吁在全社会形成浩大声势。这些都为民族制皂工业的崛起提供了有利条件。

　　在第一次世界大战爆发和五四运动期间，项松茂任上海市抗日救国会执行委员会委员，代表五洲及另五家药房在报纸上公开发表不进日货的声明。1930年，我国多地发生水灾，灾情严重，项松茂倡议筹款救灾，并以五洲药房一星期门市营业收入总额的10% 提作赈济之用。九一八事变后，项松茂积极投入抗日救国运动。他接受生产军用药品的任务，亲自督促日夜加班赶制，供应前线急需。后为了营救被日寇抓走的职工，项松茂亲赴敌营，惨遭日寇杀害。项松茂以身殉国后，著名进步人士史量才、章太炎、黄炎培等都曾撰文，高度评价项松茂崇高的爱国精神。

（二）蜂花檀香皂、上海药皂和上海硫磺皂是全国人民的记忆

上海解放后，1952 年 6 月 28 日，英商中国肥皂股份有限公司由于经营不善、负债过重，自愿以厂抵债，由上海市人民政府接管，改名为华东工业部中国肥皂厂。随后，陆续并入南阳肥皂厂等 5 家小型肥皂厂。1955 年 7 月 1 日定名为上海制皂厂，地址杨树浦路 2310 号。1960 年 10 月，五洲固本皂药厂的肥皂和甘油两个生产车间设备、职工及所有产品并入上海制皂厂，使工厂规模和生产能力明显提升，上海制皂厂成为上海唯一的专业制皂厂。这些工厂拥有的"固本""扇牌""绿宝""蜂花"等名牌产品也相继转入上海制皂厂。

蜂花檀香皂首创于 1928 年。当时，中央香皂厂有 3 款香皂：中央檀香皂、蜂花檀香皂和佛手檀香皂。其中尤以"蜂花"为优，外形具有浓郁的东方色彩，香气优雅，价格适中，深受用户喜爱。1957 年 7 月，蜂花檀香皂由中央香皂厂并入五洲固本皂药厂，1960 年 8 月，随五洲固本皂药厂并入上海制皂厂继续生产。

蜂花檀香皂

上海药皂始于 1959 年，
是我国第一块特效除菌皂，
历经改良，长期畅销，特效
除菌成分（克利沙酸）能有
效杀灭皮肤和衣物上常见的

上海药皂

有害细菌，帮助预防由细菌引起的疾病、感染、过敏和汗臭，保
持肌肤清洁健康。它包装简陋，价格便宜，但功能多，效果棒，
超市、线上都很容易买到。虽然上海药皂气味有些"臭臭"的，
但这没有阻挡它成为很多人的心头好，并常年被冠以"家中必备
清洁物"之称。

制皂厂的老工程师提出，温泉里面有硫磺可以消毒杀菌，可
以研发生产硫磺皂。上海制皂厂在多次实验后，把硫磺含量定在
10%—15%，实现稳定量产。另外，考虑到硫磺皂是面向广大的
普通劳动人民，所以造型设计得很朴素，不像其他香皂那样有圆
形的弧度，而是普通的长方形。为了降低价格，上海制皂厂还

上海硫磺皂

相对地减少了一些重量。上市之初，硫磺皂的价格控制在3角钱以内。这款硫磺皂面市后迅速走红，销量很高，一年有3 000吨到5 000吨。从此，上海制造的一代"神皂"诞生了！硫磺皂成为"国民神皂"，无论是城市还是农村，每家每户都用起了硫磺皂。一块小小的上海硫磺皂为什么能成为"国民神皂"？究其原因，是它所具备的万能性。

首先是硫磺皂的杀菌功能。硫磺和皮肤分泌物接触了之后，会生成硫化氢和连五硫酸，能够抑制螨虫、细菌的生长，软化和清除废旧的角质。它对接触性皮炎、溢脂性皮炎、日光疹等皮肤疾病都有一定作用。对部分容易起脚气，身上有狐臭、足癣（如水疱型足癣、糜烂性足癣）的人群，硫磺皂也能起到杀菌的作用。

其次是硫磺皂的消炎止痒功能。每当被蚊虫叮咬时，可立即直接用硫磺皂清洗，或蘸水涂在皮肤上，止痒的同时也会减轻疼痛感。所以，外出旅游的时候，不妨在包里放上一块硫磺皂。

再次是硫磺皂的清洗、清洁功能。它可以用来洗头。由于头部最易出油，硫磺皂拿在手中，搓揉起泡后涂抹于头发上，按摩头皮几分钟，再用清水冲洗干净，这样螨虫就除得很干净了，头皮不再油腻，而且有股清爽的感觉。它可以用来洗澡、洗脸。每周用硫磺皂清洗面部1—2次，可以起到一定的控油、祛痘的效果。它可以用来清洁。如果平时家里的家具、墙壁、地板和其他物品上面有难以去除的污垢，用硫磺皂先擦一遍，再用清水过一遍，污渍就很容易被清洗掉了。

2020 年，上海制皂分别为驰援武汉的复旦大学附属中山医院第三批 130 位援鄂医疗队医护人员、华山医院的 214 位援鄂四纵队医护人员紧急准备了共计 120 箱（8 640 块）的上海药皂和上海硫磺皂，为医护人员的清洁防护提供保障。当时，很多人也购买了上海硫磺皂，放在家里用于杀菌消毒。

这样看来，硫磺皂简直是一块能洗脸、洗头、洗脚、洗澡、洗衣服、洗家具的万用皂。

使用硫磺皂的一代人虽然年龄增长了，用硫磺皂的次数少了，但那种臭臭的味道还是根深蒂固地刻进了他们的身体里。几十年来，硫磺皂的价格几乎没有太大的变化，销量也是长盛不衰，随便打开淘宝店，就能看到月销 10 万的销量数据，就连一贯追求新鲜事物年轻人，也在使用后爱上了它。上海硫磺皂承载的正是这种带消毒味道的记忆。

（三）不断创新产品和销售，老字号再次火爆

上海药皂和上海硫磺皂都是上海制皂的明星产品。根据消费者提出希望使用后皮肤"滋润""光滑"的要求，研发人员调制出了与这两款明星产品功效相匹配的液体皂基，既能让有效成分充分作用于肌肤，又可解决传统香皂洗澡出现的肌肤干涩问题，还避免了普通沐浴露产生的"假滑"体感。

上海制皂在坚守经典的情况下，历经 3 年的研发，推出了全新的洗护产品——上海药皂硫磺温泉液体香皂。它突破性利用高科技分子包裹技术，将传统的硫磺成分变成了不一样的胶态硫。在使用的时候，胶态硫外层破裂向外释放硫磺成分，这样既保留了硫磺的灭螨抑菌作用，又解决了异味问题。产品研发人员在这款液体香皂里添加了植物精油成分，能让洗完的肌肤散发出清新的草木芬芳。

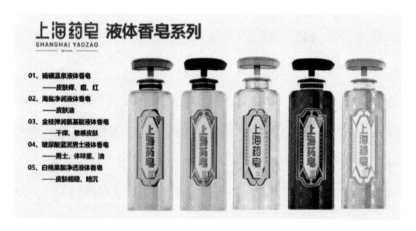

液体香皂系列

至此，经典的上海药皂、上海硫磺皂有了新形态。2022 年新品上市时，不少消费者主动分享使用心得，纷纷点赞"国货之光"。尝到创新甜头后，今年入夏前，上海制皂早早根据消费者的建议，继续创新，对液体香皂家族进行了扩容，新增了玻尿酸蓝泥液体香皂、白桃果酸浸透液体香皂，以及针对干痒、敏感皮肤的金桂弹润氨基酸液体香皂。新品更注重人群和功能的细分。

　　除了研发适合消费者需求的新产品，在销售渠道和方式上，上海制皂也坚持探索创新。一方面，每块2元上下的上海药皂、上海硫磺皂在超市卖场、药房、便利店等传统渠道始终供应充足。另一方面，对标行业内中高档产品的液体香皂和洗发皂率先出现在电商平台和电商直播间，面向更愿意尝试新事物的年轻消费群体。上海制皂将目光放在了拼多多电商平台上。液体硫磺皂一经上架就成热卖，在2021年9月的一场直播中，上海制皂收到了源源不断的订单，短短1分钟，5 000瓶上海药皂硫磺温泉液体香皂一抢而空，迅速成为爆款。

　　自2022年4月入驻抖音电商平台以来，上海药皂通过直播形式，实现国货品牌焕新。其中，上海药皂硫磺温泉液体香皂成为人气爆款，爆卖50万瓶，好评率达到了99%，成为香皂类爆款第一名。2022年7月，上海药皂官方携全新品牌液体香皂系列产品发布国内首支浴室操——《搓搓操》，在抖音发起了一场"搓搓操"挑战赛，活动的火爆带动了品牌出圈，刺激了销量的增长。

　　如今，被誉为"远东最大制皂厂"的上海制皂生产原址，变身"皂梦空间"，成为黄浦江畔时尚打卡地。年轻人在这里品咖啡、看多媒体展览、读上海百年老字号故事，年长者来此地追忆曾经的岁月以及上海引以为傲的制皂业。2017年，根据上海城市规划及产业调整的要求，上海制皂在安徽省马鞍山市含山经济开发区建设了高标准示范生产基地——安徽华谊日新科技有限公司。

　　创始于 1923 年的上海制皂，至今已走过百年历程。成为中国日化行业的领军企业。上海制皂跨越百年，历久弥新，是传承的继续，是品质的坚守。未来上海制皂会继续秉持"大众精品、匠心制皂"的发展理念，传承经典，关注未来，坚持创新精神，传递根植优秀的品牌文化基因，持续打造经典产品，进一步擦亮蜂花、固本、上海药皂、扇牌等"百年老字号"的金字招牌。

整理撰稿：欧阳倚玲[1]、林玲[2]

1　欧阳倚玲，上海制皂（集团）有限公司副总经理。
2　林玲，上海制皂（集团）有限公司品牌事务主任。

七、回力（1927 年）：西方明星政要喜欢的 "网红鞋"

  对于 60 后、70 后而言，白面红标的回力胶鞋是他们青少年时期美好的回忆，它曾是很多人的第一双运动鞋。那个时代，身穿运动服，脚蹬回力鞋，绝对是件倍有面子的事。

  改革开放后，随着耐克、阿迪达斯等运动品牌的冲击，回力似乎在淡出人们消费的视野。这个曾经承载着一代国人青春记忆的民族老字号一度沉寂。洋品牌横扫天下，主导着时尚潮流，以

回力鞋

回力鞋的标志 F 勾

回力为代表的民族运动品牌一时间被压制，抬不起头来。

但时尚潮流有时也不可捉摸。风水轮流转，时尚可逆转。一个偶然发生的事件，导致回力再度热火起来，成为 80 后、90 后，甚至 00 后的新宠真爱。而今，当你走在街头，会发现越来越多的年轻人脚踩回力鞋，一身简单的 T 恤、休闲裤，背着帆布包，没有所谓的大牌附身，却依然可以引得摄影师街拍。不得不说，时尚还真是一场"轮回"。让我们回溯历史，给您道来。

（一）有 90 多年历史的回力鞋

回力的历史最早可以追溯到 1927 年。那年，杂货店伙计出身的江苏江阴人刘永康与人合资开设了上海义昌橡皮制物厂，生产"八吉牌"套鞋。1934 年，该厂更名为正泰信记橡胶厂，这便是回力鞋厂的前身。

1935 年 4 月 4 日，上海正泰橡胶厂正式注册英文商标"WARRIOR"，中文商标"回力"。英文"WARRIOR"意为战士、勇士、斗士，中文"回力"取自英文谐音，可理解为"回天之力"，也就是现在说的"洪荒之力"，喻指"能战胜困难的巨大力量"，听起来就很霸气。

"回力"商标图案为壮男弯弓射日造型。毫无疑问，这是借用中国远古时代的神射手后羿射日的神话，后羿射下 8 个多余的太阳，保留了 1 个太阳普照大地，这一商标设置是否暗含希望 1 个中国早日强大，最终战胜 8 国列强的含义？在那个救亡图存的时代，我们这么联想也不见得空穴来风，不管怎么说，后羿射日的力量和勇气在当时饱受列强凌辱的 20 世纪 30 年代是倍受中国热血青年推崇的。

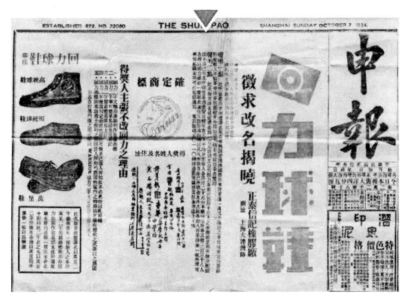

1934 年《申报》广告

在十里洋场的上海，回力鞋厂很重视广告宣传，很多核心区域巨大的广告牌都留下了回力球鞋的印记。1948 年，中华民国的"全运会"在上海江湾体育场举办，为了推广新出品的弓形特制球鞋，回力鞋厂精心策划并密切联络体育界、新闻界人士配合宣传，在运动场内设置醒目的大型广告牌，吸引了大批观众特别是青年学生的关注。另外，回力还放出大手笔，花重金雇用飞机飞撒宣传单，一时名声大噪。

1937年，抗日战争全面爆发，回力鞋厂负责人认为轮胎属战略物资，中国不能被外国掐住这道命门，于是成功地自主研发出胶鞋的"近亲"——轮胎，专供抗日军队使用。20世纪40年代中期，正泰橡胶厂率先派人赴美留学，员工们在美国完成了硕士学业，带着先进的制鞋技术和设计理念回国，极大提升了回力鞋厂实力，中国运动鞋的第一品牌也就逐步打造出来了。

（二）回力鞋是20世纪80年代"国民运动鞋"

回力真正成为国民品牌，还是在新中国成立之后。上海解放后，经过1954年公私合营和上海橡胶行业历次的裁并、改组、更名，至20世纪60年代，"回力"品牌主要由上海胶鞋六厂和上海胶鞋七厂使用。

回力运动鞋第一次火爆是在1956年5月，回力鞋厂为中国国家篮球队参加奥运会而特制的高帮565篮球鞋一经问世，便惊艳一时。此后，回力运动鞋成为中国几代篮球人的"御用"装备，伴随着他们征战在世界赛场上。作为胶底鞋的回力，在功能性和舒适性上碾压其他市面上清一色的硬板鞋，是妥妥的"运动鞋C位"，成为运动时尚的象征。

1979年回力鞋厂又推出了低帮的经典款WB-1，也就是那款大家最熟悉的红白鞋。当时的经销商只要拿到这款鞋就等于发财，根本不担心卖不出去。那时的回力鞋厂每年销量多达400

万双。作家王朔曾称它是
"小流氓抢劫的主要目标"。

WB-1 回力红白鞋

　　1984 年，穿着回力鞋的中国女排获得了洛杉矶奥运会冠军，回力迅速火遍国内大江南北。在那个排球女将激励全国的年代，回力也成了当时年轻人心中时尚顶级潮牌。通过赞助体育赛事和国家体育队，回力逐渐积累了自身知名度，也赢得了大众喜爱，拥有一双回力鞋在青少年中已是相当前卫。在普遍月工资为 30 元左右的 80 年代，需要 6—10 元才能买一双回力，很奢侈很高档。仅 1984 年一年，回力的销售额就高达 8 亿元人民币，回力成为时髦的代名词，"国民运动鞋"的称号也应运而生。

（三）墙里开花墙外香，时尚风水轮流转

　　20 世纪 90 年代，回力鞋渐渐风光不再。随着中国市场的开放，耐克、阿迪达斯、匡威、彪马等国际性品牌涌入中国，同时，李宁、安踏、特步、361° 等一批国产品牌问世并迅速占领市场，回力面临国外、国内两方面品牌的夹击竞争。由于缺乏款式创新，尤其是没有和时尚潮流紧密结合，还靠吃老本的几款传统"国民运动鞋"撑门面，回力鞋从曾经的奢侈品一夜之间变成了地摊鞋。

　　回力在体制转型和营销创新等方面跟不上市场节奏，直到

1993年才开始脱离统购统销模式，自行找销路、搞批发、打造销售网络。1994年，回力关闭了第一家生产解放鞋的分厂，从那以后，每一两年关一家，到2000年，旗下的7家分厂和1家研究所全部关门，8 600名工人先后下岗。

2000年2月，上海回力鞋业总厂正式停产。回力鞋业所属的上海华谊（集团）公司及时实施了老回力企业的破产方案，同时建立按品牌运作新模式，重组了上海回力鞋业有限公司，然而情况并未好转。翌年回力仍旧因为专柜销量不好、款式老旧而被上海南京路的第一百货和新世界等商场撤柜。2000—2008年，回力鞋业连续8年亏损，2005—2008年的亏损额更是达到2.5亿元。

回力在内外品牌的夹攻之下，显得力不从心。于是，他们采取"抓品牌，放生产"的策略，即总部仍放在上海，生产放到中原和西南地区，由当地制鞋厂代工，总部掌握品牌、技术和营销这3个附加值最高的环节。然而，这也是一厢情愿，经营效果并不明显。在大家都觉得一代国民运动鞋即将陨落谢幕之际，故事的转折点来了！

2008年，在《指环王》里扮演精灵王子的英国男影星奥兰多·布鲁姆，在曼哈顿的《纽约，我爱你》片场里穿着一双回力鞋，被抓拍后迅速传遍网络，回力鞋一时间成为网红鞋。《ELLE》杂志法国版甚至表示：这绝对挑战了匡威运动鞋在年轻人心目中的时尚主导地位。

"好莱坞明星穿回力鞋"事件一下子引爆了线上关于回力的

疯狂讨论以及线下的火热购买。在欧洲，回力鞋的价格飙升到了50 欧元（按 2008 年汇率约为 500 元人民币）。另一方面，在奥兰多·布鲁姆的示范下，越来越多的国外文体明星开始穿回力鞋，如贝克汉姆、安娜·尼古拉·史密斯等，这又带来了一波巨大的跟风效应。国货在国外火出圈，这在国内绝对是个大新闻。

紧接着，在同年的北京奥运会期间，比利时王储、丹麦副首相等国外政要来到北京商厦，选购回力鞋。回力这次反应很快，立即抓住"天上掉下来"的机遇，加大了自己的推广宣传力度，顺水推舟开始渲染自己民族品牌的形象，主打怀旧爱国情怀。之后，回力又将出口国外的产品的定价提高，甚至为国内的 7 倍，进一步激发了消费者支持国货的热情，回力被誉为"国货之光"，甚至被期待肩负起复兴民族品牌的重任。回力的品牌形象被强力拉升，产品出货量也大幅提升。回力重新回到大众视野并再一次走红，其销量由 2008 年的不足 1.5 亿元迅速攀升至 2013 年 6.1 亿元。

2014 年，回力逐步摸索出一套"终端直供平台 + 电商平台"双轮驱动的销售新模式。资料显示，当年回力电商渠道的销售额超过 300 万元人民币，2 年后，销售额更是突破 1 亿元。到了 2017 年"双 11"，"回力线上销售破亿"的滚动字幕出现在上海浦东震旦大楼的巨幅 LED 显示屏上。

除了摸索新的销售模式，回力也在设计上不断开拓创新。2017 年，回力曾与百事可乐联名打造了一款"百事蓝"回力鞋。其最大的特点就是鞋子后跟处有中文的"回力"二字点缀。百事

"回天之力"鞋

可乐的蓝则赋予了回力鞋另一种青春靓丽感。

2018年，回力推出"回天之力"设计款系列。这款鞋以经典的回力鞋为模板，重新解构，并加入了汉字元素。鞋侧用中文汉字写有"硫化鞋底"，鞋尖印有"zuǒ""yòu"，鞋后跟印有中文"回天"和"之力"，凸显回力的品牌文化。俏皮、别致且有个性的设计再度使回力成为国潮热点，该系列累计已经销售200余万双。

2019年1月21日，淘宝发布了《非遗老字号成长报告》，报告显示，回力牌已成为00后最爱老字号品牌，90后对它的喜爱度也不低。有数据显示，2020年"618"期间，在线上运动品牌的搜索量中，回力的排名仅次于耐克、阿迪达斯和李宁。

近年来，回力也大举布局入驻购物中心。据赢商大数据显示，从2019年到2021年上半年，回力的门店数量几乎翻了四番，截至当时，回力已进驻543家购物中心和52家连锁独立百货，门店遍布27个省份，共89个城市。

在回力公司红红火火的表面之下，也存在"隐忧"。回力是轻资产运营，主要做的就是管理经销商，进行所谓的品牌建设。放手给经销商去设计、生产到终端销售。除老回力的经典设计的14款长线产品之外，线下、线上旗舰店可以根据其针对不同类型的需求，研发具有不同特色的产品，而这些设计在得到回力方认证、授权后，版权归回力所有，设计方去生产和销售。

可是，回力授权的经销商众多且分散，所谓的品牌建设实际上就是"贴牌"。这就自然产生一个疑问：经销商会投入巨额资金去设计开发新款吗？母公司不去主导，而指望下一层级的中小鞋厂去设计开发，中小鞋厂又怎么会大投入地去做这件事呢？这样会导致什么？当然，企业的生存永远是第一位的，先生存后发展，先模仿后创造，这历来是中国制造到中国创造的必由路径。目前这个阶段可能也是不得已而为之，只是要继续打造百年老店的辉煌，未来，回力还有很长的路要走。

整理撰稿：杨涤

八、恒源祥（1927 年）："恒源祥，羊羊羊"

"恒源祥，羊羊羊。"这是一则 20 世纪 90 年代的广告，广告词就这简单的六个字，但令人印象深刻，无数消费者记住了这个品牌，记住恒源祥是卖羊绒线、羊毛衫的。现在，人们要买羊毛衫或毛衣，无论是线下实体店，还是线上网店，总会遇到恒源祥产品。

这个经典的"羊羊羊"广告当年经历了一个有趣的"波折"。大约在 1993 年前后，恒源祥决定在中央电视台给恒源祥羊毛线做广告，恒源祥制作了 5 秒的广告片，特意用童音配了音，但由于中央电视台当时最短的广告位是 15 秒，所以重复播放了三遍：恒源祥，发羊财。可这个广告播出后，有人写信投诉中央电视台，抗议"发羊财"这三个字。中央电视台只好要求恒源祥修改。经过协商确定，最终修订为"恒源祥，羊羊羊"。没想到，广告反而大火。

（一）绒线大王在官僚资本和外国资本夹缝中突围

1927 年，宁波人沈莱舟在上海开办了第一家人造丝绒毛线商店，字号"恒源祥"，这三个字，取自"恒罗百货，源发千祥"的对联，暗涵了恒古长青（恒）、源远流长（源）和吉祥如意（祥）的意境。后来，沈莱舟将商店转成毛绒公司，取名"恒源祥"，商店字号由此转成了企业品牌。

公司创办后，沈莱舟通过英国商人亨特生的德记洋行与意大利人做生意，亨特生依据恒源祥的订货合同，再向意大利商人订货。那时唯一的运货方式是船运。原先沈莱舟订货时还要先预付 20% 的定金，后来双方建立了信任，可以一手交货一手付款。双方合作一直不错，恒源祥毛绒公司已初具规模。

可一次突降的关税事件，使恒源祥差点遭到灭顶之灾。那是在 1933 年 10 月，沈莱舟向意商订了一大批人造丝，预计 12 月 30 日货物可运抵上海。人造丝这项技术是意大利人发明的，在意大利本地人造丝非常便宜。这种面料色彩艳丽，手感丝滑，加工成织物后深受上海市场青睐，利润很高。沈莱舟这批货数量巨大，比恒源祥创办以来的订货总数还要多得多。谁知海关决定，从 1934 年 1 月 1 日起大幅度增加进口货物的关税，其中人造丝的关税由原先的 33% 增加到 100%。

沈莱舟得到消息，大惊失色，这批预订的货物如果过了 12 月 31 日到沪，他就是卖光了家产也交不起关税。他不断发电报与船东联系要求尽快到港，可货船船速有限，只能慢悠悠航行，他这边火烧眉毛也没有用。沈莱舟没有傻等，他迅速赶到吴淞口海关，办妥一切手续，又上下打点一番，顶着凛冽的寒风，带着店员等在吴淞口的码头，翘首盼望货船能赶在午夜零点之前进港。深夜11点钟，店员送来电报，说货船泊在吴淞口抛锚，开不进来，原因是吴淞口码头泊位挤满了船。沈莱舟一下子瘫坐在码头上，没辙了！那些货船都想争分夺秒赶在零点之前进场，沈莱舟的货船插翅也难飞进来。

离零点还剩半个小时，沈莱舟神情沮丧，当他准备起身往回走的时候，负责联络的店员报来喜讯，说货船已起锚开航，码头也空出了一个泊位，就连海关的人员也来办公室加班，等着这艘货船前来报关办手续。沈莱舟又惊又喜，这是天上掉馅饼了吗？

事后他才得知，原来这艘船上还搭载了一批西药，是国民政府某高官小姨子进的货物。如果零点之前进不了关，她的损失比沈莱舟还要大，高官打来电话，海关不敢不放行，这才让沈莱舟逃过了一劫。

大难不死必有后福，这个事情一过，沈莱舟也时来运转了！由于人造丝关税翻倍，沈莱舟这批货物投放上海市场后，价格也翻了一番，他借此东风大赚了一笔，掘到了第一桶金。

到了1935年，为突破洋货垄断，恒源祥不再局限于做贸易，沈莱舟与人合资在上海创办了第一家毛纺厂——裕民毛纺厂，生产"地球牌""双洋牌"粗细绒线。自此，恒源祥开始从零售店铺走向制造工厂，经过近10年的发展，沈莱舟一举成为市场份额占第一的绒线大王，大名鼎鼎的"恒源祥"也享誉上海滩。

（二）恒源祥创始人：所谓生意，就是你要生出新的（主）意来

沈莱舟绝对是一个商业天才，自创立之日起他就有很强的创意营销意识。恒源祥的发展除了兢兢业业，注重产品品质外，创始人在商业营销上也与众不同，沈莱舟策划的营销手段一出手，就震动了当时的上海滩，同时也铸就了恒源祥骨子里的创意基因。

霓虹灯是 20 世纪 30 年代上海时尚、浪漫的符号。沈莱舟一眼就看上了霓虹灯的营销作用。他把恒源祥店面重新装修，沿街设计为崭亮的大玻璃窗，从一楼到三楼内外都安装上闪闪发光的霓虹灯，绒线全部摆在玻璃柜台里，粗粗细细，花花绿绿，使人一目了然，吸引了顾客进进出出不断光顾。这一营销手段成功夺人眼球，引来巨大的人流量。

当时，绒线传入上海不久，沈莱舟判断太太小姐们大部分都不会结绒线，于是便聘请了绒线编织大师鲍国芳、冯秋萍、黄培英等到恒源祥来坐堂，专门教授顾客绒线编织的技法。他还专门花钱出版了《冯秋萍毛衣编织花样与技巧》手册，在恒源祥店堂里免费赠送，这就是精准营销、精致服务。

恒源祥可能还是中国历史上第一个用影视明星来扩大商

恒源祥门店

品声誉的企业。那时，上海的电影明星是家喻户晓的名人。当听说风靡大上海的《夜上海》《天涯歌女》的演唱者、电影《马路天使》的女主角周璇要来恒源祥，试穿绒线毛衣的时候，恒源祥的店面被围得水泄不通，活动当天人山人海，锣鼓喧天，鞭炮齐鸣。其他大牌演员如白杨、上官云珠、竺水招、徐玉兰、尹桂芳、童芷苓等也都曾到恒源祥试穿毛衣。沈莱舟几波操作下来，恒源祥的知名度在上海滩达到了顶峰。

沈莱舟常说，所谓生意，就是你要生出新的（主）意来。1946年，他在上海各报刊登广告：恒源祥推出"海陆空有奖销售"。奖品分为几个等级，超等级获得者可在上海龙华机场乘飞机到天空中遨游，特等级获得者可乘海轮到宁波玩两天，优等级获得者可坐火车到无锡、苏州玩两天。买绒线有机会得奖乘飞机，这在上海滩引起巨大的轰动，沈莱舟也因此名声大噪，被誉

"海陆空有奖销售"活动现场

为商业营销奇才。

在20世纪30年代，这一系列营销活动非常成功，恒源祥的生意也日益红火，沈莱舟的生意越做越大，他在南京西路、南京东路和霞飞路等多处繁华路段都开了恒源祥分号，恒源祥几乎垄断了上海绒线的生产和销售，使得洋品牌败下阵来。

（三）担负社会责任，坚守民族大义

沈莱舟作为老板并不吝啬，他经常根据业绩犒赏员工，恒源祥的员工收入直线上升，竟然还有人买了进口摩托车和小汽车，这在那个年代都是绝无仅有的。不仅如此，成为"绒线大王"的沈莱舟为富有仁，他将自己多年来在苏州东山老家置下的1 000多亩地全部捐献给了乡亲，还在家乡投资开办学校，发展乡村的教育。1932年，刘长春代表中国首次出征洛杉矶奥运会，沈莱舟为这位中国奥运"第一人"提供了赞助。中国本土的企业家能有这样的社会责任感，的确让人赞叹。

1941年太平洋战争爆发，日军开进英美租界，上海处于日军的铁蹄之下。1942年3月，日本陆海军司令部颁布命令，规定钢铁、非铁金属、矿石、棉花与羊毛制品、药材等18种货物为统制物资，未经日军华中联络部发给许可证，一律禁止移动和使用。紧接着日军又通过汪伪政府，指派中国商界一些头面人物组成"全国商业统制总会"，借此机会搜刮物资来支撑侵略战争。

各类物资的"统制会"的会长大多是被日本人看中的行业头面人物。1942年春天，日本驻华的"公使"田尻带几个人来到

恒源祥，"请"沈莱舟出面担任"全国商业统制总会毛统会"会长。沈莱舟早在 1935 年时就已担任上海毛绒线同业公会主任委员，会员有 28 家，囊括了上海主要绒线字号，如今日本人找上门来，要是沈莱舟不答应，恐怕凶多吉少。早就有所耳闻的沈莱舟并没有见日本人，而是对外托病，说是回东山乡下养病去了，实际上是在上海最热闹的南京路华懋饭店（现和平饭店）开了一个房间，一个人悄悄躲了起来。

业内有个朋友就劝沈莱舟："人在屋檐下，不得不低头。与其让一个什么也不懂的人来做绒线业的'统制会'会长，倒还不如沈先生您来做，可以多少保护一下我们绒线行业的利益……"此人的话还未说完，沈莱舟就发火道："我宁死不当日本人的会长，这件事没有一点商量余地，不要再劝我了。"

日本人找不到沈莱舟，"全国商业统制总会毛统会"一时无合适的人来做，田尻发火了，限令汪伪政府一定要设法尽快寻到沈莱舟。日汪特务在上海找不到沈莱舟，又通过苏州汪伪政府找到了东山沈莱舟家中，遣密探在沈宅附近监视了好久，确认沈莱舟不在东山后才悻悻而去。"全国商业统制总会"成立大会迫在眉睫，日伪机构只得另外指定人员担任会长。就这样，沈莱舟在华懋饭店躲了好几个月，直到这些米粮油盐麻绒布的什么"统制会"全部成立，傀儡会长一个个登台亮相后，他才悄悄在兴圣街（今永胜路）绒线店露面。

抗战胜利后，曾被日本人扶上台的统制会长，大多被当作汉奸关押处置。有人佩服沈莱舟的先见之明，但对于沈莱舟而言，这并没有什么精巧的计算，而是一个民族大义问题，在大是大非面前，沈莱舟有民族正气，绝不含糊。

新中国成立后，沈莱舟响应政府号召，热心参加各项社会活动。他带头认购胜利折实公债 27 500 份，汇回储存在中国香港地区的全部英镑外汇；捐献绒线 1 000 磅支援抗美援朝，带头认购经济建设公债 10.7 万元，代表裕民、恒丰两厂参加毛纺行业公私合营，被任命为公私合营裕民毛绒纺织厂经理；动员绒线同业提出全行业公私合营的申请，于 1956 年 1 月 1 日获得批准。同年 7 月，沈莱舟被选为上海市百货公司绒线零售业务部董事会董事长。

沈莱舟参加中国民主建国会，被选为市人民代表、市政协委员和市工商联执委。1957 年参加区民建和区工商联活动，为创建民办勤业中学和前进饲养场，先后 14 次捐款人民币 2 万余元。1958—1959 年被选为区工商联常委和全国工商联第三届会员代表大会代表。1961 年调任市毛麻工业公司顾问。1965 年退休。暮年仍参加工商界爱国建设公司的集资活动，并教育后代为祖国建设尽力。1987 年 9 月 25 日病故。

历经计划经济和改革开放时代洗礼，如今恒源祥已经成为集团公司，经营产品涵盖绒线、针织、服饰、家纺、童装等大类。截至 2019 年 12 月，恒

沈莱舟

源祥拥有 100 余家加盟工厂，线下经销商约 170 家，零售网点超过 1 000 家，线上店铺超过 6 500 家。恒源祥也不再是中老年人品牌，而是瞄准年轻消费者，把产品的方向往更年轻的一代去靠拢。

唯品会数据显示，2022 年 10 月以来平台上女式保暖裤、保暖套装的销量同比翻番，男式保暖裤销量大涨 80%。从品牌维度看，要数恒源祥表现最佳：女式保暖裤销量同比增长 3 倍，男士保暖裤同比增长 120% 以上。并且大数据显示，90 后、95 后的销量涨幅，领先于其他年龄层。

品牌是恒源祥最宝贵的财富。世界营销大师弥尔顿·科特勒先生，国际品牌联盟副主席、可口可乐首席顾问弗朗西斯·麦奎尔先生，给予了恒源祥品牌经营高度的评价，并称赞恒源祥是中国的"可口可乐"。一系列技术创新，一众新产品持续推出，品牌逐渐在年轻人心中占有一席之地。最明显的就是最近寒潮来临，年轻人一改过去对秋衣秋裤的抵抗态度，对恒源祥产品表现出极大的热情。我们期待，在年轻人一代的簇拥下，恒源祥渐渐实现青春焕发，迎来第二春。

整理撰稿：姜永坤 [1]

1　姜永坤，上海市咨询业行业协会副秘书长、研究员，曾任上海市政府发展研究中心改革研究处副处长，开放研究处正处级调研员，国际合作办公室负责人、上海现代服务业联合会上海现代服务业发展研究院副院长等。

九、培罗蒙（1928 年）：高端西服中国造

培罗蒙，也许上海之外的大众并不知道是什么意思，这是一个西服品牌，而且，是一个全球高端档次的西服品牌，但却是中国的品牌。培罗蒙于 1934 年在上海创立，经过近百年的发展，成为国内男装行业尤其是西服领域最有名的牌子，它的西服、大衣在国内外市场上十分闻名，超级受绅士们欢迎，其中式服装制作技艺（奉帮裁缝技艺）更是被列为国家非物质文化遗产。

（一）许达昌创办培罗蒙，意蕴美好

到 20 世纪二三十年代，伴随内外商贸和对外交流发展，上海人穿西服的越来越多，西服店也就越开越多，四川北路一带开设了不少西服店，专为外侨、洋行职员和富家子弟缝制洋服。西服的普及，给裁缝们带来了繁忙的生意和巨大的商机。

许达昌，裁缝中的佼佼者，原来是一家裁缝店里的学徒工，他从小就在这个行当里，各种工作都做过，十几年的经验积累，使得他已不再满足于给别人打工了。在看到上海西服生意日趋红

火后，他毅然决然决定自己出来创业，于 1928 年在上海创建了培罗蒙西服公司。培罗蒙之名听起来就有西洋色彩，其实是许达昌"移花接木"，借用当时其弟工作的天津一家影片公司培罗蒙之名。按许达昌的解释，"培"是指培育高超的服装缝制的技艺，"罗"是指服装，"蒙"是指为顾客服务，三个字合在一起寓意为用最高超的服装技艺，竭诚为顾客服务。这样一解释，店名既洋气又吉祥。

许达昌是一个有头脑的商人。他在学徒时就发现客流量是生意的关键，影响客流量的首先就是店的位置。为此，他将店铺几经搬迁，最后落在了大光明电影院旁边，他的想法是：进大光明电影院看戏的多数是有身份、有地位之人，他们就是潜在的客户。许达昌不惜血本在电影院旁租了三层楼双开间，一楼为商店，二楼为工场，三楼为住宅，并请来了当时上海最有名、最新潮的时代装修公司来设计装修。

昔日的培罗蒙西服店

装修后的培罗蒙临街两面全是落地大玻璃窗，大气的玻璃门、铮亮的打蜡地板、店堂内的橱窗陈列和店员活动情况，过往行人都能看得一清二楚。每逢周末，有很多外国人来看夜场电影，旁边的培罗蒙店堂里灯火通明，从小楼的落地橱窗里，可以看见许达昌身穿一件笔挺的大衣，在敞亮的灯光和众人的注视下，裁着最新式样的西装，学徒们则整齐地一字排开，站在一旁看着。店里的情景被外面路过的客人透过大玻璃窗看得一清二楚，尤其是电影散场时，很多人驻足观看。正是通过这种"行为艺术"，给过往的人留下了深刻的印象，培罗蒙的名声在上海滩传播开来。

20世纪30年代，为确保西服的高品质，培罗蒙使用的都是从英国进口的面料，包括必需的辅料和衬料。进口的面料一般为高支数（150支），柔软滑实，做成西装光滑挺括，穿在身上潇洒庄重。为了避免材料积压过时或材料供应不上，培罗蒙按季从英国的代理洋行进货，有时也向其他一些洋行进货。

一般裁缝店在为顾客量体后，先根据尺寸剪出纸样，然后照纸样裁剪缝制，而培罗蒙先根据度量的人体尺寸裁剪缝制出一个毛壳，以这一毛壳为"样子"，让顾客反复试穿，反复修改，直到顾客满意，然后按照"样子"剪出纸样，再根据纸样裁剪缝制。因为多了这一"3D打印"环节，培罗蒙的西服可以做到不管顾客体型如何，都能穿得合身舒服，每一套西服都精美，无一不平、直、挺。当然，培罗蒙西服的价格也不菲，制作最好的英国呢子西装，一两黄金也只能做两三套，因而培罗蒙给人们留下了高档西服的印象。

培罗蒙将消费群体锁定在上流社会，包括驻华洋人、军政要员、商贾巨子、社会名流、艺坛明星等，这一阶层人群虽难伺候，但一旦服务满意，不仅会提高知名度，还会带来更多的客户。当时，许多国民党的要人如宋子文、张群、何应钦、阎锡山、桂永清、张治中等到培罗蒙制作西服。另外，京剧表演艺术家程砚秋、李少春，电影皇后胡蝶的丈夫潘有声、《中华日报》经理林柏生等都是培罗蒙的常客。后来因为时任中华民国外交部长张群的推荐，外交部大使、公使和出国人员的一切行装，都由培罗蒙承包，这一下子更是抬高了培罗蒙的品牌身价。培罗蒙以制作英式绅士西服、摩根礼服、燕尾服、晚礼服、骑士猎装、马裤等西式男装为特色，在众多中外同行中脱颖而出，成为上海滩西服定制的"头牌"，许达昌被人们称为沪上"西服王子"。

日后，许达昌的大弟子戴祖贻在日本闯出了一方天地。日本很多名流，还有 20 多个国家驻东京的使领馆外交人员，都成了培罗蒙的客户，戴祖贻在当地服装界赢得了很高地位和声望，被誉为"培罗蒙先生"。

许达昌和大弟子戴祖贻

（二）历经大时代变迁，暂时栖身香港

1948 年，许达昌带着培罗蒙的几位师傅前往香港，因为他预料到新中国百废待兴，内地对西服需求量会大幅度减少，他的西服门店未必能继续辉煌。二战后的香港经济处在全面恢复、迅

速发展阶段，对经商来说，有着无限的商机和发展的空间。这是他根据形势判断作出的一个选择。

在经历了十年左右的艰苦创业后，培罗蒙于 20 世纪 60 年代迎来了鼎盛。当时，香港洋服兴起"带货"，也就是替来港的各国政要、文体明星及商人缝制高级西服，成衣后，或邮寄，或托人捎带。这些"带货"须严格按照顾客的要求定做，有的根据顾客寄来的照片和尺码缝制，要求缝制精细。培罗蒙从众多商家中脱颖而出，被海外媒体赞为"最正宗的上海招牌"。

除了获得海外名人的认可，培罗蒙也吸引了香港本地的名流，董浩云、包玉刚、李嘉诚、邵逸夫、陈廷骅、何鸿燊等人都来定制。一时间，培罗蒙成了超级富豪和名流们的专门服装店。

（三）走进新时代，国货崛起，培罗蒙为文化自信添砖加瓦

受历史原因影响，培罗蒙在中国上海、中国香港、日本东京"花开三朵"。东京培罗蒙，系培罗蒙创始人徐达昌的大徒弟戴祖贻于 1951 年赴日经营，然而由于竞争激烈，东京培罗蒙已力不从心，戴祖贻甚至有意转让给上海培罗蒙，后不了了之；香港培罗蒙，则由许达昌女儿经营，但这位女当家年事已高，后人也无意继续经营培罗蒙，生意渐渐收缩；唯独上海培罗蒙起起伏伏，依旧在坚守。"文革"中，培罗蒙曾一度改名为"中国服装店"，定制西装业务大幅萎缩。

1980 年，上海培罗蒙重新投身成衣业大军。重获生机的培罗蒙不仅继承了注重质量和款式设计的优良传统，而且还进一步

借鉴国外的流行款式，并结合国人的穿着习惯和民族风格，设计制作出新款海派西服，受到大众的欢迎。但是，作为典型的劳动密集型行业，中国服装的利润率极低，在前一轮竞争中，受到商务成本高等因素的影响，面对雅戈尔等竞争对手动辄几十亿元的销售额，上海的服装企业包括培罗蒙，已经逐渐失去了市场的主动权。但即便这样，培罗蒙高端私人订制的品牌形象依然留存在一些社会名流的印象之中。

1994 年，日本首相羽田孜来沪，提出要定制两套西服，但必须 48 小时内交货。当时，市政府接待处的同志私下提醒，羽田孜要求极高，曾在东南亚一国定制过真丝西服，价格很贵，却不甚满意。但培罗蒙胸有成竹，当高级技师如期将西服交由羽田孜试穿时，对方非常满意，连夸"中国手艺好"，并主动提出愿意加倍付款以表谢意。培罗蒙忐忑之下还专门请示了市外办，才收下价格不菲的制作费用。

国际质量科学研究院院长格雷戈尔·沃森，这位全球质量界的重量级人物，本身也有"分量"，体重近 400 斤。在美国，他找不到能为他定制西服的地方，趁着来上海公干，慕名来到培罗蒙。几天后，一身合体的培罗蒙手工定制西服，让沃森满意而归。

这些年靠成衣业务做大规模、年销售额超过 3 亿元的上海培罗蒙，开始想回归传统，重新发展高端西装定制业务。走高级定制服装之路，并不等于回到过去的裁缝铺。手艺是重要的，但设计、营销、服务同样重要。不过，打高级定制西服主意的，不

培罗蒙历史展示

止培罗蒙一家，国内众多的服装企业，都想进入这一目前还是外资品牌一统天下的"高端市场"。

创立于 1928 年的培罗蒙至今已走过 95 年的历程。作为中国西装品牌行业的鼻祖，培罗蒙经历了风风雨雨。如今，培罗蒙非但没有在时代中衰退，反而找准了高端私人定制这个新的发展空间。培罗蒙是有这个资格和实力去与洋品牌一争高下的，我们期待培罗蒙重拾创始人许达昌创意营销思维，在保证产品质量的前提下，用数字化技术推进这个老字号焕发青春。

整理撰稿：姜永坤

十、英雄钢笔（1931 年）：为国争光的"国民钢笔"

小时候，父母常常教育我们：字是脸面，字如其人，练字要用钢笔，不能用圆珠笔。钢笔，大部分人都用过，但是对于不同时代的人，钢笔的意义并不相同。在物资匮乏的 20 世纪六七十年代，拥有一支钢笔都会很珍惜；到了八九十年代，几乎人人都用过钢笔；到了键盘时代，钢笔只是家长买给孩子的文具之一，中小学生的笔袋里往往备着好几支。

（一）英雄钢笔诞生于饱经忧患的民国时代

人类使用笔有一个演变发展的历程。在中国，"笔"的出现可追溯到夏商时期，距今已经有将近 4 000 年历史了。商朝的"笔"就是刀，用来在甲骨上刻字，留下的文字就是甲骨文。甲骨文是中华文明萌发阶段的文字，较以前部落穴居时代的"结绳记事"是一个巨大的文明进步。甲骨文是象形字，每个字都很漂亮。

秦统一中国后，推出"书同文，车同轨，度同制，行同伦，地同域"的政策，其中的"书同文"，就是在全国范围内推行统一的文字小篆。那时还没有发明出纸张，但已经有了毛笔，书写小篆用毛笔，蘸墨汁写字在竹简上或丝绸上。这标志着中国古代的书写工具基本成型。小篆字体保留了甲骨文象形神韵，又更加规整方正，结构圆润浑劲。

在此后漫长的历史中，中国人一直使用毛笔书写，书法造诣达到了极高的境界。中国的毛笔与西方的羽毛笔，书写出来完全是两种画风。中国人用毛笔写字一直持续到近现代，即使到了如今的电脑时代，毛笔也没有被抛弃，写毛笔字已经成为修身养性、传承中国文化的高雅爱好。（还记得前边说过的朵云轩吗？）

国外的笔也有一个发展演变过程。公元前 3000 年，古代埃及人使用芦苇笔在纸草卷上写字。到了中世纪，羽毛笔逐渐取代芦苇笔，羽毛笔以价格便宜、使用方便、书写快捷等优点赢得了人们的认可。

1809 年，英国颁发了关于贮水笔的专利证书，标志着钢笔的正式诞生。1829 年英国人詹姆士·倍利成功地研制出钢笔尖。1884 年，美国一家保险公司的一个叫华特曼的雇员，发明了一种用毛细管供给墨水的方法。1952 年，又出现了用一根管子伸进墨水中吸水的施诺克尔笔。直到 1956 年，才发明了如今常用的毛细管钢笔。

20 世纪 30 年代，钢笔正式引进中国。作为一个新鲜事物，钢笔引起了人们的好奇，但大家很快就发现了它的缺点：一方面是需要蘸水，而且写出的字迹颜色深浅不一，并不美观；另一方面，笔和墨水都需要进口，钢笔价格比毛笔价格贵很多，钢笔墨水也比毛笔墨汁更贵。

从1931年开始，依靠重力和毛细管供水的自来水钢笔传入中国。自来水钢笔书写门槛低、携带方便，书写速度快，很快取代毛笔受到青年学生的青睐，钢笔开始成为中国文人趋之若鹜的写字工具。但是老一代知识分子，还保留了用毛笔的习惯。例如，鲁迅先生用毛笔的时候更多些，他颇有远见地说：不用钢笔是不现实的，笔墨依靠外国是不行的，应当自主生产。

20世纪30年代，在中国最出名的钢笔是美国的派克钢笔。作为那个时代的高精尖产品，钢笔的制造设备要花高价从国外引进，技术人员也匮乏。在当时的中国连像样的工业都没有，更别说制造精细的钢笔了。

在民族情结和利益驱动双重的作用下，民族资本开始投资兴建钢笔厂。可因为资本、技术人才、成本等方面的劣势，国产钢笔不论是出口，还是内销都没有市场。因此，早期的几家钢笔厂都失败了。

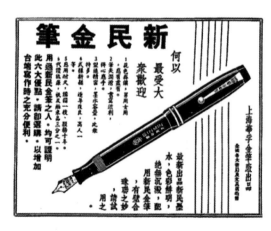

新民金笔

1931年，在九一八事变之前，浙江奉化人周荆庭有感于中国没有自己的钢笔品牌，创办华孚金笔厂（华孚意为：中华昌盛）。主打"新民"和"华孚"两款金笔，而这正是英雄金笔厂的前身。随后几年间，周荆庭前往多国学习考察不断提升制笔技术，并成功在 1945 年实现金笔全部自制。

周荆庭虽然只有小学文化，但学徒经验非常丰富，他学习借鉴日本的自来水钢笔生产经验，利用 60 平方米的三间瓦房创办了自己的笔厂。华孚金笔厂虽规模不大，是个弄堂小厂，却引进了全套的进口设备，并雇用了两名日本技师，产品定位为面向青年学生群体。

华孚金笔厂

在军阀混战的民国以及后来日本发动侵华战争的年代，兴办实业非常困难。华孚金笔厂先后五次解散，但周荆庭始终没有放弃。八一三事变时，金笔厂厂房被炸，他几乎花光了所有积蓄，

英雄钢笔广告

重新选址再建厂房。他还斥巨资购买先进设备并积极研发新款钢笔，终于，随着英雄100金笔、英雄200金笔等系列的诞生，英雄钢笔开始慢慢在市场上站稳脚跟，逐渐缩小了与美国派克钢笔之间的差距。到1949年，华孚金笔厂已成为我国最大最好的制笔厂。

（二）激情燃烧的岁月，英雄钢笔成为国民钢笔

1950年，周荆庭捐款支援抗美援朝。1951年，首倡公私合营，放弃股息每月数万元，并以一半的工资，资助贫寒子弟学费。1952年1月1日，华孚金笔厂实现公私合营，1966年8月25日，华孚金笔厂创始人周荆庭在上海逝世，享年66岁。同年10月，华孚金笔厂改名为"国营英雄金笔厂"。由此，英雄牌钢笔正式诞生。

1958年，中国发起了"赶英超美"的运动，这是中国百年来被压迫的民族主义情感的一次集中释放与爆发，洋溢着民族主义和爱国主义的激情。英雄金笔厂全体职工的劳动热情日益高涨，他们说："重工业要赶，我们轻工业也要赶。"于是英雄金笔厂提出了响当当的"英雄赶派克"的口号。他们提出了"2—4年内赶上'派克'"的口号。《解放日报》为此刊登了文章："英

雄金笔的英雄气概，2—4 年要赶超美国。"

拿什么产品赶超派克笔呢？英雄金笔厂的技术人员计划推出一款新笔，确立了 12 项具体生产指标，包括抗漏、圆滑度、间歇书写、减压、耐高温、耐寒等。在接下来的 1959 年，该厂新研制的 100 英雄金笔基本实现了这一目标，经测试，12 项指标中有 11 项超越了当时全球销量最好的派克 51，除笔握塑料部件外，其他零部件品的指标都达到或超过了派克 51 的指标，尤其是金属抛光技术。100 英雄金笔获得了国家银质奖章，上海天马电影制片厂还特意为其拍摄了电影《英雄赶派克》。

电影剧照《英雄赶派克》

由此，100 英雄金笔举国皆知，供不应求，年产量从 1958 年的 1 万支提高到了 1960 年的 152 万支。1961 年，为了使

英雄 100 金笔和新英雄 100 金笔

100 英雄金笔更完美，该产品全面改进结构，经过三年多的实验改进，1964 年推出了 100 英雄的改进型号英雄 100 金笔，英雄 100 金笔在 20 项指标上做了很大改进，比如新笔尖采用了 617 铱粒，书写 42 万字不见磨损，除非掉地下摔坏，笔尖几乎不存在用坏的情况。这种高质量要求也奠定了英雄牌钢笔"国民钢笔"的地位。

英雄牌钢笔从此走向千家万户，也成为一代又一代人的特殊记忆。它甚至陪同国家重要人物出席过许多历史现场，作为签字笔见证了中国的很多重大历史事件。例如，1984 年中英关于香港问题的联合声明，还有 1987 年中葡两国关于澳门问题的联合声明，上海合作组织成立声明、中国首次 APEC 会议、中国加入世贸组织等，都是用英雄钢笔签署的。

进入键盘打字时代，老式的英雄钢笔已成为一种文化藏品，如：诞生于 20 世纪 60 年代的英雄 100 金笔，虽早已停产，但依旧炙手可热，是收藏家们手中的热门货，价格不菲。

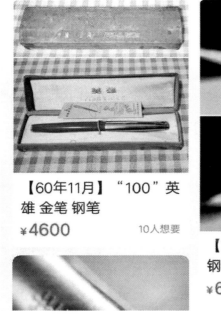

【60年11月】"100"英
雄 金笔 钢笔
¥4600　　　　10人想要

【71年】英雄100 金笔
钢笔
¥6400　　　　10人想要

英雄 100 金笔的收藏价格

（三）键盘打字时代，英雄向何处去？

20 世纪 80 年代，是英雄笔厂的全盛时期，英雄钢笔曾在全球 60 多个国家销售并为钢笔厂带来了巨大利润。英雄钢笔在国内金笔市场和自来水笔的市场占有率均超过 50%，处于绝对垄断的地位，制笔技术也已接近国外的最高水平。这时的英雄笔厂，甚至有去国际市场与派克等一争高下的可能。

进入新世纪，2000 年，英雄开始严重亏损，销量大跌。这主要是由于签字笔迅速在中国普及。签字笔具有钢笔不可比拟的几个优势：一是签字笔无须灌墨水，大大提高了便捷性；二是签字笔书写丝滑，字迹深浅不差于钢笔；三是签字笔价格便宜，便于办公和举行会议批量购买；四是签字笔性能稳定，即使长时间不用也不会干枯。

事实上，英雄遇到的危机，不是自身的危机，而是整个钢笔业遇到的危机，派克也遇到同样的挑战。更大的压力来自信息时代，电脑开始普及，带来了一场书写革命，笔和纸都一定程度被压缩了需求。而智能手机带来的书写变革比家用电脑更大，语音转文字也使得录入难度进一步降低。不仅仅是钢笔的书写功能日益淡化，其他的如价廉物美的圆珠笔、碳素笔、中性笔，也都变成了电脑打字的陪衬。用笔书写已经成为小场景，即便在这个小场景中，据美国书写工具制造商协会（WIMA）统计，圆珠笔占了40%，而钢笔只有3%。

为了继续在市场上生存，英雄近年来也在探索创新，开始设计针对特殊群体的产品。例如，2015年，英雄与施华洛世奇合作生产宝石笔，这类售价为数百元的笔形主要针对年轻时尚的女性群体，广受好评；重点针对中老年市场推出的高端笔，价位较高，销量可观；限量版1 000支的中高档收藏级别笔"福"系列黑檀木钢笔让收藏者趋之若鹜；甚至，如今配上《熊出没》动画形象的英雄钢笔也收获了一批小"拥趸"。这些小众钢笔数量不大，但价值不菲，让英雄看到了曙光。

英雄还与电影《流浪地球》、锐澳鸡尾酒、人民文创、新华书店、非遗项目等进行了跨界合作，取得非常好的市场效果。2019年，英雄与人民文创合作推出的纪念新中国成立70周年钢笔套装"英雄1949"一经上市，好评如潮，实现码洋过亿的好成绩。

　　近几年来，英雄以品牌为引领，以创新为推手，以产品为基石，每年都要推出数十款适应市场需求的新产品，累计已推出150余款新产品，新品贡献率达到25%，让英雄金笔焕发青春活力和创新动力。2022年，在大环境不利的形势下，英雄金笔的销售额不降反升，英雄自来水笔在京东平台的销售额同比增幅达20%以上。

　　面向"十四五"，英雄集团将通过英雄品牌的文化战、年轻战、复兴战，将英雄塑造为正向、积极、奋进的文化IP，让年轻人乐于"打卡、种草"，并不断完善和升级英雄的品牌授权模式，在延伸英雄文化用品产品链和扩大英雄品类上双向发力，积极构建英雄产品生态圈。英雄不老，未来可期。

整理撰稿：杨涤

十一、中华铅笔（1935 年）：谁说中国人生产不出铅笔？

在中国，很多人小时候第一次写字用的是铅笔，回想一下笔杆上的金色汉字，是不是有"中华"两个字？对，那就是中华铅笔。长大了，参加中考和高考，都会要求带上 2B 铅笔，大部分人带的还是中华铅笔。很多人不知道铅笔上那些字母组合代表什么意思，也不知道铅笔是怎么制造的。其实，铅笔上标识的数字和字母组合代表颜色深浅和笔芯软硬，看下面这个图就很直观了。

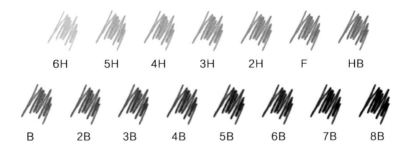

6H　5H　4H　3H　2H　F　HB

B　2B　3B　4B　5B　6B　7B　8B

6H—5H　铅芯非常硬，画出的线条非常精细，是刻画亮部的理想选择。

4H—F　铅芯比较硬，画出的线条非常浅，适用于绘画起草。

HB—3B　铅芯软硬适中，适用于书写和绘图。

4B—8B　铅芯较软，画出的线条非常柔和浑厚，适用于刻画暗部和阴影。

我小时候看过一个纪录片，专门讲铅笔的制作。看似普通的铅笔，生产制作却需要 130 多道工序。中华铅笔是老字号，它的历史追溯起来就有满满的民族自豪感了。中华铅笔和实业救国梦想紧密联系在一起。

（一）铅笔大国轮流转，中国则只能靠进口

铅笔起源于 16 世纪的英国，最初是由石墨制成的一个细条，人们拿这个细条来写字。当时的人们觉得它比铅要黑，于是就称它为黑铅。这种石墨条虽然书写字迹清晰可辨，但使用体验感并不好：一是石墨条经常折断，写字时须小心翼翼；二是石墨条没有包裹物，写字之后手指会沾上石墨，又脏又黑；三是石墨条稀缺，因为石墨矿产资源有限。

此外，英国在 18 世纪限制石墨开采，石墨资源稀缺，为了解决这个问题，法国人想出了在石墨粉中加入黏土，即"黏土制芯法"。这种混合材料比天然石墨更便宜、更坚硬，还可以通过黏土的多少来调整材料的软硬轻重，但还没有解决易折断、脏手的问题。随后德国、美国都有木匠制作出木质笔杆，将笔芯夹在木槽中，铅笔基本上就定型了。

改良后的铅笔首先在美国的小学得到普及，因为小学生写字经常出错，所以大部分的小学生都是用铅笔写作业。除了小学生，也有不少成年人使用铅笔，比如美国南北战争期间，前线战士大多使用铅笔来写家信，而艺术家、设计师在创作的时候，也往往先用铅笔勾勒草图。

英国在早期凭借石墨矿的垄断成为铅笔第一生产大国，而法国、德国和美国后来居上，先后取得铅笔制造的领先地位，后来日本也实现了对欧美的赶超。到 19 世纪七八十年代，欧美、日本等国家已经全面普及了铅笔，但中国国内没有铅笔制造，只能依靠进口，这种情况一直持续到 20 世纪上半叶。

（二）日本人："就算到你吴鼎二世，中国也办不成铅笔厂，生产不出铅笔。"

创办于 1935 年的中国铅笔厂，简称中铅，真正使国人用上了国产铅笔。它的产品就是我们熟知的中华铅笔。说中华铅笔必须提到它的创始人吴羹梅，这个立志要实业救国的中国铅笔奠基人。

中铅广告

吴羹梅原名吴鼎，1906 年生人，出生在江苏武进（今常州）的一个书香门第。其父是清末选拔的贡生，家境颇为富裕。吴羹梅 5 岁入私塾，1918 年就读于北京正志中学，1922 年赴上海就读于同济大学。吴羹梅是一个热血的爱国青年，1925 年，由于积极参与爱国反帝的五卅运动，吴羹梅与其他十余名同学被校方开除学籍。

1928 年，吴羹梅东渡日本，进入横滨高等工业学校学习应用化学。1932 年 3 月毕业后，他进入日本真崎大和铅笔株式会社实习，学习铅笔的制造工艺。

在日本横滨高等工业学校读书时的吴羹梅（1930 年，中立者为吴羹梅）

吴羹梅在日本真崎大和铅笔株式会社实习的时候，一个日本人看到他处处留意铅笔的制造技术，对他严厉训斥道："铅笔制造不是一件容易的事情，就算到你吴鼎二世，中国也办不成铅笔厂，生产不出铅笔。你还是做个买办，销售日本的铅笔吧。"的确，要是单纯想赚钱，做个买办，进口日本铅笔赚钱更快更容易，但吴羹梅的志向并不是赚钱，而是要立志制造出中国的铅笔。

那个时代，中国积贫积弱，工业不成体系，各方面都是落后的。吴羹梅通过朋友查询了海关贸易报告，发现 1932 年中国进口铅笔达 150 万金单位之巨，区区铅笔一物，每年竟耗我国人之财富达数百万元之巨。这使得吴羹梅非常痛心，他说："吾人所警惕者在此，从速创办铅笔工业的必要性也在于此。"

据吴羹梅的前期调查，之前也有中国企业投资生产铅笔，如 1932 年设立的香港大华铅笔厂，以及稍后成立的北京中国铅笔公司和上海华文铅笔厂，但这几家铅笔厂都是半成品加工，缺乏技术力量，无力与洋货竞争，因而开工不久就先后停产倒闭。当时，外国铅笔在中国大行其道，如德国、美国和日本的铅笔等，其中又以日本铅笔销量为最大。看到这种局面，吴羹梅发誓要造出中国自己的铅笔，于是，他开始了自己的创业。

吴羹梅找到留日同窗郭子春和同乡章伟士，三人联手创业。按规划，吴羹梅负责融资及对外事务，郭子春负责生产技术，章伟士负责财务。经过半年多的筹备，吴羹梅变卖了老家家产，所得4 500元作为资金，同时又发动亲友认股投资，最终筹得5万元启动资金，创设中国铅笔厂股份有限公司。1935年10月正式投产，月产量2万罗（每罗144支）。次年，经实业部批准工厂定名为"中国标准国货铅笔厂股份有限公司"。

吴羹梅从日本购置了制造铅笔的全套机件及工具，之后又在全国各地寻找铅笔生产的原料。他在苏州找到了黏土，从湖南寻到了石墨矿，在云南采购了紫胶、胡桃木、柏木、银杏和椴木，经过多次试验，终于制成了从笔芯、笔杆到油漆的"完全国货"的铅笔。

中华铅笔于1935年正式上市。为了和外国铅笔展开竞争，吴羹梅采取了两个策略。一是低价策略。以中小学生为目标，首批"飞机"牌铅笔的售价每罗2.4银圆，远低于外国铅笔，因而很快打开市场，立稳了脚跟。二是爱国策略。当时正值抗日爱国运动高涨，中铅铅笔的笔杆上印有"中国人用中国铅笔"的字样，极大地迎合了国人的爱国激情。中铅经过不到两年的努力，已经能够生产各种档次的铅笔。因为实现了本土化生产，所以价格上很有优势，每支只要 7 分钱。国人出于爱国和省钱，纷纷选购中铅的铅笔。

1937 年，中国铅笔厂开始生产高档绘图铅笔，吴羹梅特意以自己的原名"鼎"字命名。在"鼎"牌铅笔试制成功后，一时间，吴羹梅也获得了"铅笔大王"的美誉。正当吴羹梅想要大展宏图时，抗日战争全面爆发，生产被完全打乱。为了保存民族工业，吴羹梅将铅笔厂从上海迁往重庆，成为抗战大后方中唯一的铅笔厂，在抗战八年中生产了 5 000 万支铅笔，满足了战时文教事业需要。铅笔厂下属锯木厂还制造了大量军用木箱，下属化工厂生产了大量军用化工品，为抗战胜利做出了重大贡献。

抗战结束后，吴羹梅将铅笔厂重新搬回上海，同时还接收了一家制箱厂。这时的上海，还有另外两家竞争对手即上海铅笔厂和长城铅笔厂，不过外国铅笔已经销声匿迹了。但接下来由于美援物资的冲击和恶性的通货膨胀，包括铅笔厂在内的民族企业也走到了崩溃的边缘。

在四川期间，吴羹梅和进步人士交往密切。重庆谈判时期，他也曾作为工商界代表受到毛泽东的接见。吴羹梅还和章乃器、黄炎培、胡厥文、施复亮、孙起孟等人一起发起成立了中国民主建国会。1945 年 12 月 16 日，吴羹梅在民建成立大会上当选为理事，后又被选为常务理事。1949 年前后，吴羹梅先赴中国香港，随后又与其他工商界人士一同北上，并在开国大典时作为嘉宾登上了天安门城楼。

（三）新中国新时代，历久弥坚

1950 年 7 月，铅笔厂实现公私合营，成为上海轻工系统第一家公私合营企业，合营后进入新发展阶段，经过数以百次的试验与改进，终于在 1954 年 3 月开发出规格齐全的高质量的中华牌 101 绘图铅笔，上市后深受消费者欢迎。美、德、日等国的绘图铅笔就此几乎在我国市场上绝迹。

1966—1976 年的"文化大革命"，给中华铅笔厂带来了灾难，党组织一度瘫痪，一连串的所谓"斗、批、改"行动，管理体制和工作秩序彻底被打乱，造成了生产混乱、经济停滞不前的严重后果。在党的十一届三中全会后，中华铅笔厂经过恢复性整顿和建设性整顿，治愈了企业管理上的创伤，步入到新的历史时期。

20 世纪 80 年代，吴羹梅去日本访问时特地造访了当年实习的那家日本铅笔公司，宴会上这个老人掏出两支最新产品，对日方说道："我为我们的新产品做宣传来了，请大家赏光！"日本人当时双手接过，敬佩得五体投地。中国人制造的铅笔实现了逆袭。

目前全世界每年要消耗 120 亿支铅笔，其中约有 70 亿支是中国生产的，而这中间又有约四分之一是中华铅笔。中华铅笔不仅在国内市场占有较大份额，还大量出口美国，享有较高的国际声誉。

在市场竞争如此激烈的今天，中华铅笔依然是文具店的标配，但随着消费观念的转变，文具市场也正在向礼品化、定制化和专业化发展，目前，中华铅笔主要用来写字画画，主打办公铅

铅笔生产

笔、美术类铅笔以及特种铅笔，其中 2B 铅笔是标准化考试人的首选。很多化妆师还将中华特种铅笔当成眉笔、眼线笔用，妆效感人。

每个时代有每个时代的特色，一代代消费群体的崛起、生存环境的变化，甚至是特殊情况都会催生不同的消费潮流和发展机遇。中华铅笔这个老字号让人骄傲和自豪，小小的一支铅笔凝结了民族工业自强不息、自力更生的精神，不断激励中华大地上的万众创业，大众创新。

整理撰稿：杨涤

十二、三枪（1937 年）：是企业家，也是全国劳模

近些年来，气候在变化，温室效应明显，一个具体的表现就是：夏天高温，冬天变冷。在每一个瑟瑟发抖的冬日里，为了御寒，人们默默地穿上了"秋裤"（在上海也被称为"棉毛裤"）。而这几年，秋裤也在不断进行着革新。从"年轻人不穿秋裤"到"购物车里来一条"，据说近几年的天猫双 11，每年都能售出几百万条秋裤，这个数字还在逐年上升。

秋裤最早发源于欧洲。秋裤的原型是男士马裤，最早在 15 世纪，英格兰国王亨利八世就爱穿这种紧身又有弹性的裤子。它也是现代各种打底裤的雏形。20 世纪初，加拿大一位名叫弗兰克·斯坦菲尔德的议会议员，创造性地设计出了上下分体的紧身内衣裤，申请了发明专利，现代版的秋裤就此诞生。后来，由于欧洲供暖的普及，秋裤渐渐淡出了欧洲市场。如今，秋裤已然成为一种中国特色，几乎只有中国人才会穿秋裤。

（一）说起上海人的棉毛裤，不得不说起"三枪"

"浪奔，浪流，万里滔滔江水永不休。"电视剧《上海滩》的主题曲里，结尾的"砰砰砰"三声枪响，至今仍留存于众多国人的心中。这一独特的创意，正是三枪内衣当年的冠名广告。三枪内衣是上海三枪集团有限公司的产品。

1928 年，干庭辉在上海开了一个小小的作坊，十几个工人在客堂间里干活，生产针织品。干庭辉酷爱射击，1930 年，他在一次射击比赛中两获冠军，由此注册了"双枪"商标。

1936 年，干庭辉又一次在射击比赛中夺冠，次年卢沟桥事变爆发，为了表达抗日的决心，干庭辉申请注册了"三枪"商标。当时，抗日战争全面爆发，弘扬国货、抵制日货成为潮流，三枪牌一炮而红。

新中国成立后，20 世纪 50 年代公私合营，干庭辉的小作坊和其他几十家类似的小作坊合并在一起，成立了莹荫针织厂，两三年后改名"国营上海针织九厂"，规模一下子扩大了。当时，

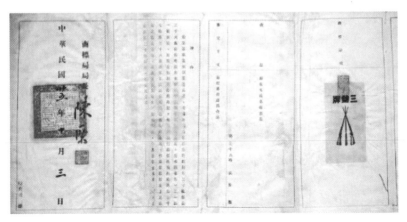

"三枪"商标批准书

厂里有 1 000 多名员工，生产鹅牌、菊花牌、熊猫牌和三枪牌的棉毛衫裤。

计划经济时代统购统销，上海纺织全国闻名，既做外销又做内销。外贸产品主要是鹅牌、菊花牌，内销则由批发站分配品牌，薄型内衣一般是电力牌，厚一点的棉毛衫裤则是灯塔牌，三枪牌似乎被时代的洪流淹没。但一款闪色棉毛衫却让三枪牌重回大众的视野，那是 20 世纪 60 年代，针织九厂开发了一款新产品——42 支双股的闪色棉毛衫，一根白线一根彩线纺出来的布，特别牢固，穿很多年都不会坏。该款产品一下子抓住了计划经济商品匮乏时代人们追求耐用的心理，非常受欢迎。据说，这款三枪牌棉毛衫至今仍在销售。

（二）真正成就三枪品牌的是沪上企业家、全国劳模苏寿南

苏寿南，出生于苏州，从小家境贫寒，兄弟姐妹众多，从小就饱尝贫困之苦。更雪上加霜的是，父亲和母亲先后撒手人寰，十几岁的他不得不外出谋生。13 岁的他在三哥带领下，来到新陆针织厂当学徒工，从早到晚什么活都干且不拿工钱，只管"白饭"。师傅师兄们看他勤快懂事，便将技艺悉数传授。在师傅师兄的照拂和自己的努力下，苏寿南 18 岁就当上了班长。

1977 年，苏寿南被任命为上海国营针织九厂厂长。此时，正逢改革开放之初，国门已打开，世界各国著名的名牌内衣蜂拥而入，尽管那时上海的内衣企业有许多牌子，什么金鱼牌、菊花牌，但在市场上却一个也成不了气候。那时三枪的牌子还算不

苏寿南

错，因此苏寿南觉得要想对付洋货，必须整合资源，把小舢板联合成巡洋舰，于是决定针织九厂把其他品牌的内衣企业全"吃"下来，统一打三枪的品牌。

在改革开放刚刚启动的年代，苏寿南的这一决定几乎就是离经叛道，甚至还没落实，就已经有闲话传出来：这不是资本主义社会里"大鱼吃小鱼"的企业兼并吗？苏寿南这是要当资本家了吗？在三枪内部也有人认为把这些亏损企业兼并过来等于背上包袱，对针织九厂不划算。

面对这些言论，苏寿南一笑置之。他认为企业合并就是一个运作手段，更何况如果这种整合使得那些濒临破产的国有小企业焕发生机，不正是发展了社会主义生产力了吗？

随后的实践证明，这一步走对了！合并小企业，对市场采取统一动作，避免了上海纺织业的内耗，降低了经营成本，扩大了知名度，三枪内衣的市场占有率迅速提升，一个月的销售额就高达 6 000 万元。1994 年，以上海针织九厂为母体、三枪品牌为龙头、资产为纽带的上海三枪集团有限公司成立，被国务院列为推行现代企业制度 100 家试点单位之一。

三枪集团成立后，为了扩大品牌影响力，苏寿南开始到处打广告，这在 20 世纪 90 年代的国企中并不多见。有人说苏寿南是疯子，产品不愁销路还投入那么多资金打广告，其实这些人没有远见，他们并不了解时代机遇，也低估了中国市场巨大的消费潜力，随着中国市场经济大潮涌来，三枪广告的威力开始爆发，三枪任何一款产品出来都销售一空。

三枪品牌打响后，企业的规模逐渐做大，苏寿南团队开始不断开发新产品去继续占领市场。他经常对员工们说，企业要生存和发展，就得"喜新厌旧"，要"不断讨新娘子——开发新产品"。在这方面，他带头紧跟时尚潮流。有一次苏寿南出访日本，利用空余时间跑进了一家女士内衣专卖店，当时店里两个女营业员看到一个老头子在女性内衣前看来看去，还不时用手摸摸三角裤，扳扳胸罩，觉得很诡异。其实她们哪里知道，苏寿南是在琢磨内衣的款式、面料和材料，后来三枪新开发的高档麻纱汗衫就是受这家商店的产品启发开发出来的。有了这次经验，后来苏寿南规定：所有员工凡出国办理公务，必须购回几件内衣新品，作为学习参考。

苏寿南在企业管理中主要抓两支队伍：一支是以"白领"为主、开发填补国内空白新品的设计队伍，另一支是车间的技术工人队伍。他对这两支队伍都有特殊的奖励政策和激励措施。例如，进口一批生产柔暖棉毛衫的大圆机需要 6 000 多万元，当时的副总工程师对国产织机进行改造，只需 160 万元就能全部搞定生产，相当于为企业节约了整整 6 000 万元。苏寿南和领导班子集体决定，奖励他一套 67 万元住房。在 20 多年前，这是一笔巨款。

对待技术骨干奖励房子不吝啬，可对待他自己，身为国企一把手的苏寿南始终严于律己，甚至一丝不苟。有一次，三枪集团下属的一家合资企业董事会鉴于苏寿南为企业作出的突出贡献，奖给他一套位于古北新区的五室一厅花园住宅。苏寿南坚持个人不拿，却把这套价值 14.7 万美元的花园住宅上交集团，经党委会决定把房子卖掉，所得房款注入了集团的"苏寿南新产品开发奖励基金"。苏寿南还特意签署文件表示：第一，这个基金会家属没有继承权；第二，个人无权支配奖励基金，奖金奖给谁由基金会说了算。

三枪集团在苏寿南的带领下，不断进行技术、产品和销售创新，三枪内衣成为国货精品，荣获上海市纺织名品中的第一品牌。全国纺织总会曾赞誉：上海三枪，中国针织行业的旗帜。苏寿南于 1993 年荣获上海市劳动模范，1994 年荣获全国纺织系统劳动模范，1995 年荣获全国劳动模范。

三枪集团创始人苏寿南于 2020 年 9 月 12 日在上海逝世，享年 82 岁。如果说新中国成立前民族资本家干庭辉创立了三枪，那新中国成立后便是苏寿南成就了三枪，历史会记住他为中国针织工业和上海针织工业的发展所作出的不可磨灭的贡献。

（三）进军电商，注重品牌运营

如今，三枪设计师团队 90% 以上是 80 后、90 后，平均年龄 30 岁左右。他们奔着更多场景、更潮款式、更好体验不断推陈出新。三枪将核心产品线重新定义为"功能性舒适贴身衣物"，品类从内衣延伸到打底衫、家居服，功能从保暖拓展到防晒、抗菌、导汗等，极大满足了各种各样的市场需求。目前，三枪集团旗下已拥有众多自有品牌，品类齐全，并形成了产品系列覆盖四季、适用全年龄段的品牌格局。

2011 年，三枪开始进军电商。在稳扎稳打了一年基础后，第二年天猫双 11，三枪电商销售额突破 3 000 万元。2016 年，三枪一骑绝尘，拿下天猫内衣品类销售额第一。得益于电商，三枪成功完成了品牌的定位和转型。同时，三枪还和迪士尼、网易等各大品牌平台玩起了跨界合作。通过跨界合作、时尚走秀、设计师联名款等方式，三枪频频推出"新青年"系列 T 恤、莫兰迪联名 T 恤、世界名画系列口罩等多个爆款，越来越受到年轻消费者的喜爱。目前，三枪全网年销售额超 10 亿元，且仍呈快速增长的趋势。一个更年轻、更时尚、与消费者沟通能力更强的三枪品牌形象已经建立了起来。

整理撰稿：杨涤

十三、钟牌 414（1937 年）：柔软耐用，拔萃超众

"钟牌 414"毛巾是上海人从小用到大的毛巾，不但质量好，用起来舒适，口碑也好，几十年来，无论世事怎样变迁，许多上海人家里都一直用着这款毛巾。

（一）怀揣民生爱国情怀，生产国货优质毛巾

"钟牌 414"毛巾诞生于 20 世纪 30 年代。创始人李康年（1898—1963 年）是浙江宁波人。他的父亲李国盘，是清朝末年秀才。李康年家境很好，从小就受到良好的教育，自青年时从商，先后供职于宁波、上海两地，结识了黄炎培、胡厥文、黄延芳、徐永祚等文化界、工商界名流。

1931 年九一八事变爆发后，目睹国难当头，当时 33 岁的李康年有志于洗雪国耻，曾挥毫写下了"忍令上国衣冠沦为夷狄，相率中原豪杰还我河山"的爱国山下联。李康年认为，要改变中国的贫弱，非振兴中国的实业不可，因此，抵制日货推销国货是

必由之路，要集合国货工厂的产品，举办联合商场集中售卖，大力推广国货产品。在一些著名爱国工商人士的支持与合作下，他于 1933 年在南京路（今南京东路东海大楼）集资创办"上海中国国货公司"，该公司以"请中国人用中国货"为号召，集聚了一大批国货厂商，帮助他们销售了大量的商品。

1937 年，抗日战争全面爆发，受战火影响，上海包括周边的各大商店的中高档国产优质毛巾一度脱销，商场里面几乎都

当时萃众毛巾厂的广告

是日货。李康年等人见此，心系民生，决意抓住商机，办厂专门生产国产优质毛巾，于 1937 年创办了中国萃众毛巾厂。以"萃众"二字登报征求商标设计，拟成钟形的稿件被选中，因此，市场上都称之为"钟牌"毛巾。

（二）钟牌毛巾问世，414 号毛巾"柔软耐用，拔萃超众"

1937 年李康年创办萃众毛巾厂时，自任经理，非常重视产品质量，他说：最要注重的是产品质量，杭州张小泉剪刀、胡庆余堂药材等等，都是以质量方面取胜才成名的。一定要为产品树立长期声誉，即所谓做出牌子。

1940 年，上海商场里面几乎都是日货。为了保证钟牌毛巾的质量，李康年坚持选用名牌棉纱，在选用纱支方面，他规定

16 支纱作经，20 支纱作纬，32 支纱起毛。采用 16 支纱作经，20 支纱作纬，是为了增加毛巾的牢度，但粗纱也有缺点，容易发硬，所以他采用 32 支纱作起毛之用。这种创新的工艺，使得毛巾既柔软又耐

钟牌 414 毛巾广告

用，一经问世，就深受市场欢迎。

萃众公司制造的毛巾货号先后有 414 号、101 号等。钟牌毛巾上市后，李康年通过设在南京路繁华地段的中国国货公司和其他各大公司，大力开展推销活动，邀请广大消费者"试一试"。在试用中，414 号毛巾因质量讲究、色谱新颖获得了广大人民群众的认可，就以讹传讹，以为李康年起名 414，是叫大家"试一试"的意思。于是货号 414 就成了当时钟牌毛巾商标的代名词，"钟牌 414"的名字也沿用至今。

李康年除了非常重视产品质量，也非常注重广告宣传。他认为，广告必须实事求是，切忌夸大。宣传超过实际，就成虚伪欺骗了。因此，他选定广告宣传语时也字斟句酌，对钟牌 414 毛巾的广告语，只用了"柔软耐用，拔萃超众"八个字。

钟牌 414 毛巾的款式设计别具特色，它以漂白为底色，红、绿、蓝为三基色：红色代表春天，春暖花开、百花争艳；绿色代表夏天，荷花盛开、枝叶葱绿；蓝色代表秋天，秋高气爽、蔚蓝

长空；白底代表冬天，雪花纷飞、预兆丰年，给人返璞归真的感觉，象征 414 毛巾四季皆宜。这种颜色搭配的设计，体现了中国文化中强调的人与自然和谐共生。

（三）抵制日货，斗争有方

1941 年太平洋战争爆发后，日本侵略军进入上海租界，抵制日货提倡国货的中国国货公司成了他们的眼中钉。有一天，一个日本商人带了两名武装日本兵来到中国国货公司，蛮横地要求推销日货。他们气势汹汹地问李康年："你们为什么要歧视日商，这是敌视皇军的做法，你们必须改过来。"气焰非常嚣张。

李康年神情自若、不卑不亢地对他们说："你们误会了。我告诉你们，我们这家公司在开办时即在章程中规定只售本国货，不销外国货，不但不卖日本货，其他英国货、美国货、法国货都不卖。章程规定如此，所以招牌就叫中国国货公司，不叫中国百货公司。中国国货公司是股份有限公司，我是代理人，无权做公司章程规定之外的业务。试想贵国也有这么一个专售本国货的商店，不也是一样不能销售外国货吗？"这一席话，有理有据，说得日本人一时语塞，悻悻离去了。李康年理直气壮的爱国行动一传出去，受到人们的广泛称赞和传颂。

钟牌 414 毛巾产品逐渐打开市场局面后，不但畅销国内，还远销南洋，成为人们公认的国货精品。1947 年，萃众公司注册了 414 商标，获得专用权。1948 年钟牌，414 毛巾在上海国货展览会上获特等奖。当时，国民政府因物价飞涨而推行生活指数，钟牌 414 毛巾也被列为指标系数考核之一。

（四）新中国成立后，钟牌 414 毛巾迎来了大发展的春天

新中国成立后，钟牌 414 毛巾迎来了大发展的春天。1951年，年产量达到 264 万条。1954 年公私合营后，萃众公司改名为萃众织造厂，申请注册了复合商标钟牌 414。1966 年，更名为上海毛巾九厂。

计划经济时期，钟牌 414 毛巾作为上海人眼中的高档货，还曾成为衡量国民消费价格指数的参照。当时，一块毛巾的价格与一斤肉价一样，都是 7 角 8 分。即使到今天，市场价 15 元左右一条的价格，依然与一斤肉价差不多。

20 世纪七八十年代，上海大部分机关、工厂、企业发放的劳防用品中，总是不会缺少钟牌 414 毛巾的身影。红、绿、蓝相间白条纹的毛巾，虽然图案稍显老式简单，但由于质量过硬，至今仍是不少上海阿姨选购毛巾时的不二选择，也是几代上海人心中的记忆。

伴随改革开放的春风，1978 年上海毛巾九厂又重新更名为上海萃众毛巾厂。正是由于对卓越品质的不懈追求，从 1979 年开始，钟牌 414 毛巾先后两次被纺织工业部评为名优产品，在20 世纪 80 年代激烈的市场竞争中始终立于不败之地，以其优秀品质继续赢得广大消费者的青睐。以白色为底色、红、绿、蓝三色为基色的钟牌 414 毛巾，简洁干净的花色，回归自然的寓意，历经时代见证，依然时新。

钟牌 414 毛巾

20 世纪 90 年代以后，随着上海产业结构调整升级，上海纺织行业经历了持续的萎缩，许多纺织老企业处于停产和半停产的状态，然而，萃众毛巾厂通过及时地低成本扩张，生产基地外移，形成营销策划、产品开发、资产经营、管理控制在市区，生产基地向近郊或外省市梯度转移的布局，不仅确保了企业的生存，而且为其后续转型发展打下了基础。

历经数度风雨，上海萃众毛巾总厂目前已发展成为集产品研发、生产、销售、物流为一体的专业毛巾生产企业，钟牌 414 系列产品也从彩条毛巾发展到拥有六大系列 180 多个品种，不仅成为上海龙头（集团）股份有限公司旗下拳头品牌之一，更是成为全国毛巾行业独树一帜的老字号，深受国内外消费者的赞誉。

近年来，即使面对中外各种毛巾品牌的激烈竞争，钟牌 414 毛巾的年销售量仍达 500 万条左右。打开拼多多、淘宝等网络购物平台，这款毛巾仍然热销。钟牌 414 商标连续 6 次被评定为上海市著名商标，连续 11 次荣获上海名牌产品称号，2006 年被商务部评为"中华老字号"。

中国毛巾产业潜力极大。20 世纪 80 年代以来，中国毛巾产业发展迅速，占据了全球毛巾产量的 70% 以上，出口占据全球毛巾出口额的 50% 以上。中国毛巾虽然在中高端市场表现一般，

钟牌 414 毛巾

但在低端市场几乎形成了垄断。

老一辈中国人因为物资极度匮乏的惨痛记忆，在生活上极度节俭，"洗到发白的破旧毛巾"简直是标配，但这样的毛巾存在极大的卫生隐患。随着生活水平提高，中国家庭已开始实现"一人多巾"消费。但即使如此，中国人的毛巾消费仍然远远不及正常水平。数据显示，国内目前毛巾人均年消费仅 1.2 条，远低于欧美和日本，甚至只有发达国家的 1/5。

当人们的生活水平越来越高，对生活质量更有要求时，毛巾行业的潜力可想而知。然而，中国还有大量毛巾是小工厂、小作坊生产的低端产品，其中不乏一些粗制滥造的产品。这一方面增加了竞争难度，另一方面也给钟牌 414 这样的老字号毛巾留下了发展空间。我们期待这个生活必需品的老字号再创辉煌！

整理撰稿：姜永坤

中篇

计划时代，自力更生

十四、永久（1949 年）："永久二八大杠"留下父辈的记忆

提到中国的自行车品牌，上海自行车厂生产的永久自行车一定会被人首先提起。

（一）永久自行车承载了小学时代父辈的记忆

记得我读小学的时候，大约是 20 世纪 70 年代中期，在沈阳第二印染厂工会工作的父亲经常带十来个年轻人来家里聚会，这些人都是厂里民乐队的骨干，父亲是乐队队长兼指挥。当时，"二印"的民乐队在沈阳纺织系统很有名，在全市比赛中经常获奖。和很多国营企业职工的孩子一样，我也经常跑去厂里俱乐部看叔叔阿姨们的文艺表演，那时候的人们可真是多才多艺，表演的节目质量很高，有点准专业水平。我印象非常深的节目有大合唱《四渡赤水出奇兵》、独唱《红星照我去战斗》，还有相声、短剧等等。

乐队叔叔们经常带着乐器来我家，喝酒聊天吃饭，酒足饭饱兴致来了，就一起合奏几首。我家所在的大院总共有 20 来户家

庭，孩子们也都差不多年龄，小伙伴们的绰号我还记得，有纯子、蚊子、二胖、小多等。每当音乐响起的时候，我家就被挤得水泄不通，大人孩子们都来听演奏，好不热闹。

有一次，演奏结束大家都走了，乐队的梁叔叔留下来和我父亲说，他有亲属可弄到永久自行车的车票，问我父亲要不要。那年月吃猪肉买豆腐都要凭票供应，买大件自行车更不用说了，永久自行车票更是一票难求。当时我家有一台老旧自行车不堪使用正要调换，梁叔叔说的时候，父亲眼睛都亮了，当即说要，梁叔叔满口答应下来。

我们一家人无比兴奋，在期待中过了几天，梁叔叔就把票弄来了，那时候每个人的工资也就四五十块钱，父亲向乐队兄弟每人借 10 元 20 元不等，才凑够了接近 200 元的车钱。记得那天是傍晚时分，我看到父亲把新车推进家里，不由得发出了欢呼声。哇哦！好漂亮的一辆自行车啊，通身呈黑色，中间横着的"二八大杠"很粗，特别霸气，前后轮毂的白金属在灯光下闪闪发光，车链条闻起来还有一股机油的香气。崭新的车子吸引了左邻右舍来看热闹，啧啧称奇，露出羡慕的目光。那时候买车真荣耀啊，谁家有永久自行车，那种幸福和满足无以言表。

后来我开始学骑自行车，因为个子小，永久的"二八大杆"太高，我跨上横梁够不到车镫子，只能从"掏档"开始——就是右脚"掏"过车的主体三角支架，在"二八大杠"的左侧歪着身体骑行。当时个子不高的小伙伴们都这样，大家约一起出去骑车，一排"掏档"骑行的车队很壮观，也很有趣，而我骑的永久自行车更是车队的焦点。

现在的年轻人是很难再体会到这种兴奋的。在那个肉、蛋、禽，甚至豆腐都要凭票供应的时代，手表、自行车、缝纫机曾被称为中国家庭的"三大件"，拥有一辆永久自行车意味着什么，现在的年轻人可能无法想象。据说就连美国前总统老布什，都在天安门前与它合过影。按货币价值换算，一辆20世纪70年代的永久牌自行车相当于现在的5万元左右，但现在的5万元是不能带给你永久自行车当年的风光的。按照拉风程度，那时的永久牌自行车远比现在一些中档的豪车要牛。

买了永久自行车后，我经常被父亲驮在"二八大杠"上外出，几年后长大一些，就坐在自行车的后座上，记忆中留下的是父亲背影。就这样，永久自行车这个品牌永久刻在了我心里。

（二）1949 年永久品牌正式诞生

抗日战争时期，一个日商由北往南，先后在沈阳、天津和上海办起了自行车"昌和制作所"。1940年，上海昌和制作所开业，成为上海第一家生产自行车的厂。1945年抗战胜利后，昌和制作所移交国民政府接收，改名为"资源委员会中央机器有限公司上海机器厂"。

1949年上海解放，资源委员会中央机器有限公司上海机器厂收归政府所有，改名为"上海制车厂"。新社会要有新气象，工人们干劲很高，厂里因此考虑重新设计一个新商标。由于当时中苏关系友好，最初设计出来的新商标画面是站在地球顶端的一只北极熊，暂定名为"熊球"牌。不过在北方话里，"熊球"有"勇气差""胆子小"的意思，估计考虑到这一层，经过几轮讨论，最后上海制车厂决定采用"熊球"的谐音"永久"，这一谐音，可就响当当了，"永久"，恒久不衰，寓意很吉祥。

1952 年，新中国成立仅仅三年，还在抗美援朝期间，永久自行车年产已达到 28 767 辆，占全国自行车产量的三分之一以上，成为新中国自行车行业中的"龙头老大"。1953 年，工厂定名为上海自行车厂。

当时，国内自行车行业的发展存在一个突出问题，即零部件无论是名称规格，还是尺寸结构，都没有统一标准，不同品牌的自行车零部件难以互换，这严重制约着整个自行车产业的协同发展。1955 年，第一机械工业部将制造标定车的任务交付给上海、天津、沈阳三家自行车厂。

1956 年 12 月，28 英寸（1 英寸 ≈ 2.54 厘米）永久牌标定车在上海自行车厂问世，永久牌标定车的诞生为自行车零部件的

1956 年，永久牌标定车

互换和通用统一了国内标准，也使得我国自行车工业走上自主设计、自行制造的道路。永久牌标定车中间横着一道笔直大杠，既使得车结构结实耐用，又可以载人载物，非常实用，因此这款车很快流行起来，老百姓亲切地称呼它为"永久二八大杠"。

"永久二八大杠"体型较大，属于"重型"自行车。为了适应不同人群的需求，1957 年，上海自行车厂又生产出一款 31 型的轻便车。这不仅是我国第一辆 26 英寸的轻便车，还首开先河，开创了男式、女式车款，女式车的横梁不再笔直横着，而是向下弯曲，更便于骑行。这两款车颇受当时青年男女的喜爱。

1981 年，上海自行车厂考虑广大农村农民用车的需求和特点，设计出永久 51 型载重自行车。自行车网框里可装 30 公斤，后座可装 120 公斤载货，加上骑行人的体重，车的实际载重超过 210 公斤，而且这车特别"皮实"，经得住长途跋涉，质量非常可靠。这款车被农民兄弟形象地称为"永久小毛驴"，成为 20 世纪八九十年代田间地头农民的主要载重工具。当年，我大伯家

永久 51 型载重车

就买了一辆"永久小毛驴"，二堂哥骑着它风尘仆仆地给我家送过大米和地瓜。

1989年12月，在第14届亚洲自行车锦标赛赛场上，在几乎清一色的意大利赛车中，我国运动员骑着永久SC654型公路赛车脱颖而出，力挫群雄，最终荣获男子四人组100公里团体冠军。中国人成绩出众，中国车也出挑，永久自行车就这样亮相在全世界观众面前。从此，永久自行车不仅仅是民用，还步入了比赛用车系列。

20世纪八九十年代，中国是"自行车的王国"。自行车是人们出行的主要交通工具之一，自行车"大军"成为大街小巷一道不可或缺的风景，尤其是早晚上下班高峰时间，黑压压的自行车流尤为壮观。现在看，那真是又利于健康，又零排放，绿色环保。上一代人对自行车的感情是无法用语言形容的，永久自行车更是很多人至今不能忘却的"奢侈"品牌。

（三）改革开放后，永久自行车的发展和现状

20世纪90年代，国企改革进入股份制阶段，政府也鼓励有条件的国企改制上市。永久于1993年整体改制，成为中国自行车行业改制企业之一。永久A、B股股票先后在上海证券交易所上市。

不过，在接下来的几年里，率先上市的永久却经历了市场变化带来的"阵痛"和"不适"。尤其是，随着国内市场的开放，可选择的自行车的品牌也多了起来，永久自行车开始淡出人们的

视线，其市场营销迎来低谷。1999 年，处境艰难、经营连续亏损的永久公司股票在上海证券交易所遭遇"特别处理"，标上了"ST"。

2001 年 7 月，上海民营企业中路集团与曾经的永久股份第一大股东上海轻工签订《股权转让协议》。通过协议转让的方式，中路集团成功收购永久股份，永久这家上市公司由国资控股转变为民营控股。

21 世纪以来，随着大众生活水平的提高，汽车成为民众代步的主要工具，自行车市场经历了近 10 年的承压期，但大众并没有完全放弃自行车。很多洋品牌和国产品牌的自行车都销售不错，分别占据着各自的细分市场。作为老字号的永久也在谋求新的市场营销方式，开始试水电商平台。在 2012 年，永久入驻电商平台，这几年随着视频直播的火热，永久也开始尝试直播销售，通过线上和线下的错位销售，永久自行车的销量在国内一直保持着良好势头。2020 年后，由于新冠疫情起起伏伏，不少人在这一特殊时期减少了公交出行，选择自行车出行，无论是自己买车，还是共享单车，这对自行车行业也算是危中有机吧。

近几年，永久正在努力以一种更鲜活的新姿态重回大众视野，年轻的管理团队也一直在探索创新，例如，永久推出时尚复古的子品牌"永久 C"系列自行车，打造以永久自行车为主题的咖啡馆，并与阿迪达斯等合作，设计联名定制产品等。

自行车市场已经天翻地覆，今时不同往日，发生了很大的改变。消费者不再满足于千篇一律的产品。风靡一时的"永久二八大杠"已经退出了历史的舞台，但是它曾经给我们带来的实用和记忆却始终难忘，它的存在是父辈的记忆，更是一个时代的见证。

整理撰稿：杨涤

十五、光明（1951 年）：天亮了，解放了，光明照亮中国

对许多出生在 20 世纪六七十年代的上海人来说，在炎热的夏天，吃上一块装在蓝色纸盒中、带着浓浓奶香味的雪白的光明牌冰砖，可以说是童年时代最幸福的事情了。

光明牌雪糕及南京东路上的光明冷饮摊位

（一）江泽民提出：新中国成立了，中国的冷饮也要有自己的民族品牌

光明牌冷饮诞生于 1950 年，是益民食品一厂的产品。益民食品一厂的前身是创建于 1913 年的美商海宁洋行，最初是一家蛋品加工厂，1925 年，海宁洋行为解决蛋品加工的淡季，引进了美国冷饮设备，做起了各种口味的棒冰、冰激凌、冰砖等冷饮产品，其中尤以美女牌产品最受欢迎。

新中国成立后，海宁洋行改为国营上海益民食品一厂。益民食品一厂想要继续生产冷饮，首先就遇到了牌子问题。虽然工厂是从海宁洋行发展而来的，生产冷饮的设备也是过去用来生产美女牌的，但新中国成立了，不能也不应该再用洋人的美女牌。这时，担任益民食品一厂副厂长的江泽民提出，中国的冷饮也要有自己的民族品牌。经他提议，冷饮取名为"光明"，寓意"天亮了，解放了，光明照亮中国"。光明牌商标的造型中间是熊熊燃

光明牌雪糕纸

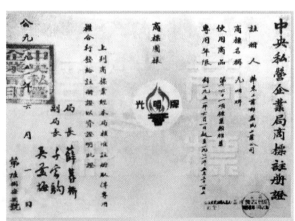

光明牌商标

烧的火炬，周围是熠熠生辉的光芒。56 根射线，代表了中国 56 个民族，如喷薄而出的旭日。光明牌冷饮的诞生，打破了解放初上海冷饮市场洋货一统天下的局面。

　　光明牌冷饮虽然生产出来了，但怎样让上海的普通市民了解光明牌、喜爱光明牌呢？江泽民提出，要把美女牌比下去，不仅要在口感上超过它，而且在宣传上要有大手笔。光明在电台广播和报纸上刊登广告后，又别出心裁，把一辆美国生产的旧汽车改装成宣传车，车头装饰上"光明问世"四个大字，配上火炬形的商标，装上麦克风，宣传车从厂里出发，绕过一大圈主要道路，一直到外滩，由外滩再回来。车上，一位漂亮的女工站在中间，手捧光明牌宣传品，车上的麦克风中反复广播："国营工厂是人民的工厂，请食用自己工厂的产品。"这一下子吸引了道路两旁行人的注意力，光明品牌渐渐被大众知晓。

光明广告宣传车

用宣传车的同时，光明在街头开设冷饮供应点，还做了许多木制冷饮箱，发给有困难的职工家属，给予薄利补助，让他们开展推销，后来又扩大到贫困市民，组成了一支颇具规模的流动销售大军。那些流动销售员头戴遮阳大草帽，背着木箱，木牌一敲，拉着长腔"光—明—牌—棒冰"，走街串巷地叫卖，就这样，光明牌棒冰很快就赢得了市场，当年销售量一举超过洋货美女牌，成为家喻户晓的品牌，各种产品都供不应求。尤其是冷饮，每年夏天都非常紧俏，来提货的卡车、保温车天天在月台前排成长龙。当时益民食品一厂共建立了 10 多条冰激凌生产线、5 条雪糕生产线，成为新中国第一家能够以工业化方式大规模生产冷饮的企业。

1982 年，光明明星产品盐水棒冰叩响千家万户。光明雪糕的产品不断更新换代，先后推出了盐水棒冰、赤豆棒冰、绿豆棒冰、三色杯、冰砖等经典之作。光明冷饮年产量从 20 世纪 50 年代的 800 多吨暴涨到 90 年代的 15 000 多吨，连续多年冷饮销量位居上海市场第一，全国市场占有率 80%，成为真正的国民品牌，也成为上海几代人的集体记忆。

（二）拥有"从田头到餐桌"完整的食品产业链，江浙沪的人民生活离不开光明

在 20 世纪 90 年代初，随着洋品牌的大举进入和国内新兴品牌的竞争，曾连续几十年在国内冷饮市场占有率第一、在上海本地市场长期占据龙头地位的光明牌冷饮渐落下风。企业体制改革也提上日程。1999 年 9 月，在新中国迎来五十华诞之际，新的上海益民食品一厂有限公司成立了，企业拥有 30 条冷饮生产线，年生产量可占上海冷饮平均消费量的 50%，成为中国最大的冷饮生产企业之一。

为了振兴民族品牌，1997 年 12 月，以"光明"为企业商号的光明食品（集团）有限公司成立，提出"高举光明火炬，再创世纪辉煌"。光明牌从冷饮开始，逐步扩展到罐头、代乳粉、奶粉、糖果、巧克力、饮料、啤酒乃至酱油等，成为国内第一家具有较大生产规模的综合性食品工业企业。如今在食品领域中使用的"光明"商标，几乎都是从当年上海益民食品一厂的光明牌中衍生而来的。

光明食品（集团）有限公司是一家拥有"从田头到餐桌"完整的食品产业链，拥有大白兔、冠生园、梅林、正广和、一只鼎等一批著名商标的现代都市产业集团。光明食品坚持以食品产业为主体，致力于成为上海特大城市主副食品供应的底板，安全、优质、健康食品的标杆。如今江浙沪的人民生活到处都有光明食品的影子：大白兔奶糖、佛手牌味精、石库门黄酒、福新面粉……这些陪伴了几代上海人的老品牌都出自光明食品。

（三）光明冷饮、光明乳业和光明集团是什么关系

光明乳品和光明冷饮是什么关系？光明冷饮的经营主体是上海益民食品一厂有限公司，光明乳品的经营主体是光明乳业，两家公司在 2018 年以前是姊妹关系，控股股东都是上海市国

光明乳业系列产品

企光明食品（集团）有限公司。

2018年12月17日光明乳业发布公告称，公司以1.43亿元收购益民一厂100%股权。收购整合后，光明乳业将通过品牌和产品升级，开发中高端系列产品，进一步满足市场需求。光明乳业旗下国家重点实验室拥有的技术储备、光明乳业的优质奶源以及丰富的渠道支撑，都保障了今后的消费者能够更加方便地购买到口感更丰富的光明冷饮。光明乳业和益民一厂的并购整合将进一步提升光明冷饮的品牌竞争力和影响力，助力光明冷饮开拓市场，实现老品牌的再次飞跃。

所以，从股权上看，经营冷饮的益民食品一厂现在是经营乳品的光明乳业的子公司，是光明食品（集团）有限公司的孙公司。上海光明（集团）有限公司是大型国有企业，这种背景决定了光明食品的可靠性和安全性。上海及其他长三角地区的人民的餐桌上，经常会有光明食品出现。在未来，光明依然会照亮中国！

整理撰稿：石礼英[1]

1　石礼英，光明食品（集团）有限公司总经济师办公室主任。

十六、上海牌手表（1955 年）：中国人民的志气和荣耀

在计划经济时代，上海牌手表是身份的象征。20 世纪六七十年代，它成为结婚必备的"三大件"（手表、缝纫机、自行车）之一。当时，一块上海牌表的售价大概相当于普通职工三个月的薪水。

从第一块上海牌手表诞生开始，到 20 世纪 90 年代中期，上海牌手表先后获得国家、轻工业部以及上海市多项荣誉，被公认为"中国第一名表"，还经常作为国礼送给外国友人。佩戴手表的每四个国人中，就有一人戴的是上海牌手表。我虽然一直工作生活在北京，但对上海牌手表情有独钟，现在我腕子上戴的就是上海牌手表。

（一）新中国制造出了上海牌手表，周恩来总理一直佩戴

早在一个世纪前，上海人就可以在亨得利、亨达利这些钟表大店里见到来自瑞士、德国、英国的手表。上海特有的租界文化

和"克勒"消费群，催生了上海滩一批精于钟表修理的能工巧匠。从民国时代一直到新中国成立初期，上海都没有像样的手表厂，只有修表的小作坊，人们的手表是清一色的进口货。党和国家领导人戴的手表，都是中办从香港进口来的手表。当年给周恩来总理配的也是一块瑞士表，周总理戴上瑞士表时，感慨道："什么时候能让我戴上自己生产的手表呢？"

新中国成立后，在"自力更生、奋发图强"的时代精神号召下，由上海第二轻工业局牵头、58 名手表匠人组成国产表试制小组，克服重重技术难关，以一块瑞士赛尔卡手表为参照，终于在 1955 年 9 月制作出 18 块打有"中国上海"字样的国产细马机械手表样机。这表纯手工制作，据说原材料是用阳伞骨子、绣花针、口琴簧片和自行车钢丝东拼西凑制成的。

1958 年上海手表厂正式建厂，生产出第一批上海牌手表A581，这是开天辟地的大事件，改写了中国人只能修表不能造表的历史。A581 手表长三针、17 钻、机芯外径 25.6 毫米，摆轮上装有 14 个螺钉，质量接近瑞士赛尔卡手表水平，可连续走时 36 小时以上，日差小于 1 分钟。1958 年 7 月 1 日，在党的生日这一天，上海牌手表在上海第三百货商店上市，反响热烈，顾客排长队争相购买。

周总理听说上海生产出手表，非常欣慰，他说："告诉他们，我买一块。按市场价买，我给他们做广告！"1961 年，周恩来要和彭真等去苏联出席苏共二十二大，就让卫士长成元功花 90元钱为他买了一块新出厂的上海牌手表。因为这是块国产表，周总理一直珍爱地戴在手腕上。在一次出国访问非洲时，他还特意向几内亚总统展现了自己身上的衣服、皮鞋到佩戴的手表都是清一色的中国货，以此来说明自力更生的必要性。周总理戴过的这块上海牌手表现在陈列在中国国家博物馆内。

20世纪60年代后期，上海手表厂技术人员从毛泽东的书法手迹中选取了一个"上"字和一个"海"字拼在一起作为商标，这一"上海"商标一直沿用至今。

A581型手表一直生产到1966年。后来，上海牌手表新秀辈出，比如SS1A型，这个机芯是在A581型机芯基础上的改进型，走时精度达到轻工部标准一级机械手表的考核要求，到1974年停产时，一共出售了数千万只。

自从1955年自主研制出中国第一只细马机械腕表开始，上海手表累计销量破亿只，成为"上海制造"的象征之一，也是中

周总理戴过的上海牌手表，陈列在中国国家博物馆

上海牌商标中的"上海"是毛泽东的字迹

国家喻户晓的机械手表品牌。今天，1958 年生产的上海牌手表受到了中外收藏家的追捧，在祥生贸易信托商店，上海牌老款手表收藏交易十分活跃，1958 年的品种更是经常断货。

（二）改革开放后遇到的生存危机

20 世纪 80 年代中后期，计划经济开始向市场经济转变，手表厂在全国遍地开花。开放后，外国机械手表也涌入中国市场，尤其是日本电子表，凭借低廉的价格和新颖的款式迅速占领市场，短短几年间横扫全国，占据了 70% 的手表市场。国内手表厂均出现库存积压，而且越积越多。上海手表厂也一样，被推到了命运的十字路口。

1987 年，上海手表厂匆忙上马电子表，但不见明显起色，因为那时国内手表市场已然饱和，手表贱卖到十几元一块也无人问津。在上海手表厂濒临破产的日子里，全体员工每人每月只拿 300 元生活费。到 20 世纪 90 年代中后期，随着物质条件的改善和人民生活水平的提高，消费者的选择范围迅速扩大，上海手表厂渐渐淡出了人们的生活。

进入 21 世纪后，受到以瑞士为代表的进口表和以苹果公司为代表的智能手表的夹击，上海牌手表由于转型方向不明，从产品设计到品牌形象都无法适应市场的快速变化和消费迭代，因此几乎被 80 后、90 后抛弃，在市场上没有什么影响力。

2000 年，上海手表厂经过股份改制，更名为上海表业有限公司，老厂的技术人员和品牌全部保留下来，开启了它的新征程。重组后的上海表业有限公司为了企业生存，作出的第一个重大决定是：为世界中低档机械表制造机芯。这个经营策略使公司当年即扭亏为盈，3 万只机芯给上海表业带来了差不多 300 万元收入，在那时还算一笔巨款，上海手表厂暂时度过了市场生存关。

代工机芯只是权宜之计，尽管尝到了甜头，但曾经辉煌过的上海老字号并不想沦为代工厂。上海手表厂有识之士还想重振国字号品牌。回想过去，全盛时期的上海手表厂有近 6 000 名员工，上班像涨潮，下班像退潮，员工从十六铺一直到杨树浦都有。而此刻，虽然往日的辉煌已成云烟，但复兴上海牌手表一直是上海手表厂新一代管理者的向往和追求。

（三）浴火重生再出发，国产手表也能成为奢侈品

2005 年底，为了庆祝上海手表问世 50 周年，上海手表厂推出 50 块闪闪发光的陀飞轮纪念金表，每块 10 万元，很快被预订掉十几块；其余 500 块标价 1 800 元的普通多功能表也在一个半月后售罄。这种新创意带来的新市场机遇让上海手表厂看到了新的希望。上海牌陀飞轮手表亮相瑞士巴塞尔钟表展时，瑞士手表商惊叹之余，对中国钟表业的创新能力感到压力巨大。当地媒体甚至认为，中国制表业赶超瑞士名表只是时间问题。

2019 年 11 月 20 日，在复星集团完成了对上海手表厂的控股之后，这家曾经的老牌国营字号在产品制造、品牌形象、销售通路等方面频频发力，寻求和时代同频共振的可能。现在，上海

牌手表不仅有多功能机芯，还朝着首饰化、时尚化方向发展。同时，上海牌手表在技术上也赶超瑞士名表，比如陀飞轮手表，有些技术数据就超过了十大名表前列的宝玑表，将欧米茄远远甩在后面。

2021年，上海牌全年成品表销售额迈过重要关口，重回国产腕表亿元俱乐部阵营。在各类新国货争跨亿元门槛的新消费时代，作为新中国老牌的国民品牌象征——上海手表的回归为新消费浪潮增添了一层时代意义。

2022年9月7日，在南京西路茂名路口出现了一间上海牌手表官方旗舰店。门店从装修的规格、店员服务的规范、产品线的排布与陈列的理念，都体现出了厂家在名表版图上的进取之心。旗舰店面积约119平方米，店内通透明亮、装修精巧，打造出东方美学与现代摩登交融的全新空间。此番上海牌手表插旗南京西路，看来有底气有志气要与万国、天梭、欧米茄、劳力士

南京西路上海表旗舰店内外

等欧洲钟表名厂同台竞技了。

随着新店启幕，上海表将完成从"制造端价值"到"品牌端价值"的升级，上海牌手表的历史既见证了上海这座城市的精神气质形成，也注解了民族精密制造业历经波折的自强之路。写到这里，我不由得看了看腕上戴了十几年的上海牌手表，它依旧走时精准，外观大气。

整理撰稿：赵克斌[1]

1　赵克斌，中国社会科学院科研局副局长，中国社会科学院—上海市人民政府上海研究院常务副院长。

十七、上美影（1957 年）："动画中国学派"享誉全球

上海美术电影制片厂（简称上美影），成立于 1957 年 4 月。上海美术电影制片厂创作了《大闹天宫》《哪吒闹海》《天书奇谭》《黑猫警长》《葫芦兄弟》《宝莲灯》等 500 多部经典动画作品，塑造了许多经典动画形象，打造了一个丰富多彩的"中国童话世界"，伴随了几代中国人成长，打造出经久的国民记忆。上美影获得了 400 多项国内外大奖，以动画"中国学派"享誉全球。

（一）万氏兄弟是中国动画电影创始人

说起中国动画电影，就要提到万氏兄弟，有人说，新中国成立前的中国动画电影史约等于万氏兄弟的动画创业史。万氏家庭共有 10 个孩子，结果命运悲催，活到最后的只有万籁鸣、万古蟾、万超尘和万涤寰这四个兄弟。万籁鸣和万古蟾是双胞胎，关系一生都非常之好，他们出生于贫寒家庭，一度由姨妈抚养。到

了 7 岁时由于上不起私塾，所以二人只能进入免费的教会学校学习，这也让他们有了扎实的英文功底，对后来研究外国动画，发展民族动画产业，起了很大的作用。这对胞胎兄弟自小都喜欢绘画，所以母亲会省吃俭用给二人买绘画工具，虽然没有老师，但他们自学能力很强，画的时间久了，也像模像样。

从教会学校毕业后，万古蟾便考入了上海美术专科学校学习西画。但是万籁鸣需要扛起家庭的经济重担，因此高中毕业后没有上大学，而是在一所师范学校找了份工作，不过，他并没有放弃绘画，21 岁时还加入了上海"晨光画会"。1924 年，四个兄弟在上海聚首之后，决定干一番事业。当时国产动画完全空白，动画电影均是外来引进。四人决定要做民族自己的动画，他们应该是国产动画最早的开拓者，一同被称为中国动画片电影创始人。从中国第一部动画片，到第一部有声动画片，再到中国第一部动画长片，他们创造并见证了这些历史。

兄弟四人在上海租了一间很小的房子，这里既是万古蟾的宿舍、动画工作室，同时也是国产动画的开始。另外，由于资金紧张，他们无钱购买新的专业动画拍摄和放映设备，只能淘来一台旧的老摄影机。四人通过一番试验，把这台摄影机改装成了动画拍摄机，同时兼具逐格放映功能。因此，如果追溯历史源头，中国动画工业的萌芽就是由这台简陋破旧的摄影机催生的。1925 年他们制作的动画广告《舒振东华文打字机》，为中国动画片之雏形。1926 年，四兄弟加入长城画片公司，拍摄成了中国第一部动画片《大闹画室》。

当中国动画事业向好的时候，日本帝国主义开始大规模发动侵华战争。1931 年，九一八事变爆发。全国抗日救亡运动兴起，万氏兄弟也将动画片当作宣传的有力武器，制作出大量的爱国影片。万籁鸣说："动画片一在中国出现，题材上就与西方的分道扬镳了。在苦难的中国，我们没有时间开玩笑。"1933—1937 年，国内民众抗日情绪高涨，四兄弟拍摄的有《同胞速醒》《精诚团结》《抗战特辑》《抗战歌曲》等抗战题材动画，也有《纸人捣乱记》这样的娱乐片。值得一提的是，在 1935 年中国电影业刚刚进入有声时期，万氏兄弟大胆地采用了动画配音，这便是我国第一部有声动画《骆驼献舞》。

1940—1941 年，万氏兄弟躲在租界完成了中国也是亚洲第一部动画长片《铁扇公主》，这是根据古典名著《西游记》中"孙悟空三借芭蕉扇"的故事改编绘制，以万氏兄弟为首的影片摄制组进行了长期艰苦的创作，拍摄胶卷达 1.8 万尺，绘制画稿

万氏兄弟

近20万张，用纸400多令，消耗的绘图铅笔上百箩筐。

《铁扇公主》顺利诞生。影片上映后，收到了意想不到的效果。《铁扇公主》在上海的三个电影院同时放了一个半月，它的票房收入超过了当时所有的故事片。因为片子中的铁扇公主带有反日反侵略者的精神，所以后来影片在新加坡、印尼等多地放映均受到热烈欢迎。很快，日本军部就下令在日本禁映《铁扇公主》。日本作家小松迟浦在一本刊物上写道："抱着轻视的眼光去看中国第一部动画片的人们会被惊得目瞪口呆。这是一个体现反抗精神的作品。粗暴地蹂躏中国的日本军遭到了中国人民齐心协力的痛击，这部影片的意图是一清二楚的。"

可谁知道，日本人发动太平洋战争后，将此片缴获成战利品。万氏兄弟由于不愿同日本人合作，开始了颠沛流离的逃命生活。《铁扇公主》在日本人手中上映后，场场爆满，后来日本人把这部片子带回到了日本放映，同样大受欢迎。它甚至影响了后

《铁扇公主》剧照

来很多的日本动画从业者，其中就有日本动漫的鼻祖——手冢治虫。手冢治虫在看过万籁鸣的《铁扇公主》之后，放弃了医生的职业，拿起了画笔，这才有了后来的《铁臂阿童木》。1988年，手塚治虫最后一次来到中国，特地拜访了已是古稀之年的万籁鸣。据《大闹天宫》原画设计之一严定宪回忆，见到万籁鸣后，手冢治虫兴奋不已，他激动地握住万籁鸣的手说："我是看了你的片子以后才搞动画的。"

（二）《大闹天宫》横空出世，"动画中国学派"全球闻名

1949年专门摄制美术片的机构——美术片组在长春东北电影制片厂成立。1950年，美术片组南迁上海，成为上海电影制片厂的一部分。1957年建立上海美术电影制片厂，一批著名艺术家、文学家先后参加进来。从此，中国美术电影就以上海为主要基地，走出了具有中国特色的一条动画电影之路。

新中国建立后，流落在香港的万氏兄弟心急如焚，想要回到内地，发展国家的动画产业。可是香港公司不愿放行，于是万籁鸣在1954年借由中国香港代表团参观之机回到内地。不久后，万古蟾递交辞呈，但公司并未批准，后来也只能学习万籁鸣的经验，跟随当时香港文化界组织的观光团返回内地。

1962年，上美影领导将《大闹天宫》的任务交给万籁鸣，万籁鸣做导演，由李克弱、万籁鸣担任编剧，张光宇、张正宇兄弟分别负责人物造型和美术设计，严定宪、林文肖、浦家祥等八人组成原画组。上美影还特意请来上海交响乐团、上海京剧乐

《大闹天宫》剧照

队负责录制配乐。《大闹天宫》根据古典文学名著《西游记》前
7 回改编，为上下两集的美术动画电影，上集 50 分钟和下集 70
分钟，分别完成于 1961 年和 1964 年。

　　编剧组既尊重原著又敢于"扬弃"。他们有意略去了石猴的
来历和成王的经过，将着重点放在美猴王出众的才能和高尚的品
质上；另外在"御马监"这场戏里，为了情节发展的更加合理，
加入了"马天君"这样一个新角色。另外，将"孙悟空被压在五
行山下"这部分全部删除，改为让"孙悟空踢翻八卦炉，拿起金
箍棒，打上灵霄宝殿，几乎使玉帝坐不成宝座"。这就使得孙悟
空的战天斗地精神，真正代表了"齐天大圣"，非常符合中国人
民不屈不挠的斗争形象。

　　有了好剧本，还需要视觉冲击，毕竟这是动画电影。动画组
经过多次修改，才有了我们后来看到的孙悟空形象：身着鹅黄色
上衣，腰束虎皮短裙，穿着大红的裤子，脚下一双黑靴，脖子上

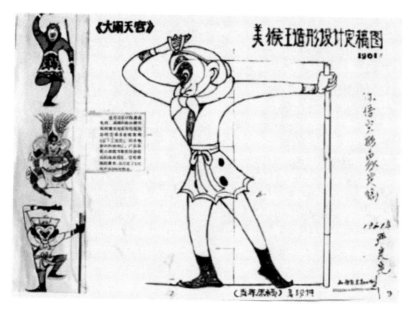

孙悟空造型

还围着一条翠绿的围巾。万籁鸣用八个字形容："神采奕奕，勇猛矫健。"

当时没有电脑制作，全凭原画手中一支画笔。孙悟空与哪吒大战时，他从自己颈后拔下三根毫毛一吹，随即变出了另外三个孙悟空一起攻击哪吒。这样一个镜头，在荧幕上只有 5 秒钟，但在镜头卡袋中，却要画上 100 多张画稿。摄制组规定三天一个镜头，很多镜头的设计其实不止三天。大部分人晚上、周末都在加班画稿。原画师绘制好画面后，由辅助人员在赛璐珞片上描线、上色，再用摄影机拍摄。1964 年，《大闹天宫》所有镜头终于全部完成，上下集共绘制了 15.4 万余幅图画，胶片长达一万余尺。

第一次试片时，上美影试片室里座无虚席、人满为患，每个人都屏声静气，万籁鸣自己也有点紧张。当灯光一暗，电影拉开帷幕，音乐响起，锣鼓家什敲起，孙悟空腾云驾雾而来的时候，观看的人们都啧啧称奇，交口称赞。只见美猴王勇敢矫健，足智多谋，神通广大，将天庭杀了个人仰马翻，试片室里的每个人都看得如痴如醉。

《大闹天宫》剧照1

《大闹天宫》剧照2

1961 年，《大闹天宫》上集问世，观众好评如潮。1964 年，《大闹天宫》下集完成后，得到的指示却是"暂时不放"。1966 年 5 月 16 日，中央发出了关于开展"文化大革命"的通知，中国从此进入了十年动乱时期。1966 年 6 月，年近 70 岁的万籁鸣被打成"牛鬼蛇神"，《大闹天宫》被怀疑是借古讽今，被完全否定。当时为《大闹天宫》绘制的大量手稿都被付诸一炬，《大闹天宫》的创作者也纷纷被批斗下放。

1978 年，14 年前便已制作完成的《大闹天宫》终于上映，并一举拿下伦敦国际电影节（BFI London Film Festival）最佳影片奖。《大闹天宫》震惊了世界，尤其是上下集合映后，受到了国内外观众的喜爱和赞扬，获得了巨大成功。据文化部电影局统计：《大闹天宫》曾先后参加过全世界 14 个国家和地区举办的 18 个国际电影节的映出并多次获奖：1962 年获第 13 届卡罗维发利国际电影节短片特别奖，1963 年获第二届电影百花奖最佳美术片奖，1978 年获英国第二十二届伦敦国际电影节最佳影片奖，1980 年获第二次全国少年儿童文艺创作一等奖，1982 年获厄瓜多尔第四届基多国际儿童电影节三等奖，1983 年获葡萄牙第十二届菲格拉达福兹国际电影节评委奖。此外，该片还向 44 个国家和地区输出、发行和放映。

美国《综艺》周报评论说："《大闹天宫》是最好的动画片。"美联社的报道称："美国最感兴趣的是《大闹天宫》，因为这部影片惟妙惟肖，有点像《幻想曲》，但比迪士尼的作品更精彩，美国绝不可能拍出这样的动画片。"1983 年 6 月，《大闹天宫》

在巴黎放映一个月，观众近 10 万人次。法国《人道报》指出：
"万籁鸣导演的《大闹天宫》是动画片真正的杰作，简直就像一
组美妙的画面交响乐。"《世界报》介绍说："《大闹天宫》不但有
一般美国迪士尼作品的美感，造型艺术又是迪士尼式艺术所做不
到的，它完美地表达了中国的传统艺术风格。"

《大闹天宫》的上映还在社会上形成一股"孙悟空热"，市场
上的儿童玩具、糖果糕点的包装以及儿童服装上都印上了孙悟
空。许多画报、杂志也用其做封面。微软中国公司为了迎合中国
市场，看中了《大闹天宫》中的孙悟空形象，要求上美影重新
设计一个"年轻的智慧型的孙悟空"，放在 Office XP 中。上美
影的工作人员用了近 10 个月才于 2000 年年底敲定了这一形象。
微软公司还为此向上美影寄来一封感谢信。微软公司向上美影付
的设计和版权费用，据说比国内企业向上美影购买动画形象付出
的费用要高出整整一倍。在 Office XP 中，当孙悟空的形象出现
时，一旁会显示出"孙悟空形象由上海美术电影制片厂提供"的
字样，据了解，这些都是在上美影的强烈要求之下微软公司才同
意的。在 Office 的发展历史中，这可是第一次出现微软公司以
外的字样。

（三）未来致力于动漫产业链的建设，拉动综合跨界营销

1977 年，上美影恢复了创作生产，多年被压抑的创作激情
一下子喷涌而出，陆续创作出大批优秀动画作品，如：中国第
一部宽银幕动画长片《哪吒闹海》，第一部木偶系列片《阿凡提

的故事》，水墨动画片《鹿铃》《山水情》，水墨剪纸片《鹬蚌相争》，还有《九色鹿》《三个和尚》《超级肥皂》《狐狸打猎人》《雪孩子》《猴子捞月》《人参果》《南郭先生》《夹子救鹿》《眉间尺》等。其中，《三个和尚》是中国第一部获柏林电影节银熊奖的短片、《鹬蚌相争》是第一部获柏林电影节银熊奖的水墨剪纸片、《黑猫警长》是我国第一部科普动画系列片。

20 世纪 80 年代至 90 年代，上美影美术片创作随着改革的步伐继续前进。这一时期创作上的重点放在系列美术片上，主要作品有中国第一部剪纸系列片《葫芦兄弟》、十三集动画片《邋遢大王奇遇记》、系列动画片《舒克和贝塔》和《魔方大厦》。1999 年的《宝莲灯》是 1984 年《金猴降妖》后的又一部影院动画电影，是我国第一部尝试商业化运作的动画电影。

在 20 世纪，上美影创造了无数经典和回忆，不过自 80 年代起，日本和欧美动画不断进入国内市场，大肆普及，其时国外的动画在经过一番摸索后，已经建立起了完整的商业模式。而那会儿国内才刚刚恢复生产，上美影的风格还停留在以前的美术片上，所以在面对题材多样、画风精美的商业动画时，受到了强烈冲击，于是，剪纸、木偶和水墨开始退出历史舞台。在新的时代发展下，上美影与时俱进，努力再现辉煌，在新旧世纪之交，创造出了一批优秀的影片。

2001 年，上美影推出了第一部校园音乐题材的动画系列片《我为歌狂》，飞扬不羁的追梦故事与精心打造的多首原创歌曲为国产动画开辟了崭新篇章。2004 年，由速达导演的《大耳朵图图》动画系列第一部推出，在中央电视台少儿频道首播，主系列5部全长130集的动画陪伴了无数孩子的童年，连续多年蝉联央视少儿频道和四大卡通卫视的收视冠军，网络点播量超过20亿人次。同时，上美影不断推出影院动画片引领电影市场。2006年出品影院木偶片《西岳奇童》。

2007年，上美影出品了大型民族史诗影院动画片《勇士》，获得了第12届中国电影华表奖优秀动画片奖、常州最佳中国长片奖之后，还获得了电影界学术影响很大的"金鸡奖"最佳美术片奖和"金熊奖"国际动画作品——最佳影院动画片奖。

2011年，距1961年版《大闹天宫》上映的50多年后，上美影将传统与高科技结合，与全球最大的影视后期技术公司影视后期制作公司携手，为这部经典作品创造了全新的3D版本。美国技术人员通过全球领先的技术，对其进行胶片修复、还原、调色等一系列数字处理以及2D到宽银幕3D画面转换等大量工作。2015年出品了动画电影《黑猫警长之翡翠之星》，2018年推出了3D动画电影《阿凡提之奇缘历险》。

时至今日，其实上美影都不曾离开过，但从整体来说，上美影曾经的世界领先地位已经没落。不过，"动画中国学派"仍然具有国际影响，近几年上美影也不乏优秀的动画出现，但复兴之路还很漫长，还有很多挑战，当然，也伴随着诸多机遇。

随着时代的发展和观念的演进，上美影已经不仅仅局限于动画作品本身，而是在立足精品力作的基础上，着力打造与之相关的衍生产品，使动画形成一股强大的产业态势，从而形成良性的产业链。尽管当前的国产动画产业特色鲜明，但是作品内核上仍然以中华优秀传统文化为根基，张扬着中国人的精气神。从本质上讲，国产动画也是以中国的故事为内容构成，它在向世界传播中国文化、构建中国形象方面也有着不可替代的作用。我们有理由相信，其凭借中华文化底蕴形成的独特风格，"动画中国学派"必将为中国的高水平开放做出更大的贡献。

整理撰稿：杨涤

十八、敦煌牌乐器（1958 年）：越是民族的，越是世界的

"听琴声悠悠，是何人在黄昏后，身背着琵琶沿街走。背着琵琶沿街走，阵阵秋风，吹动着他的青衫袖，淡淡的月光，石板路上人影瘦，步履遥遥出巷口，宛转又上小桥头。"这段歌词出自发行于 2009 年 4 月 15 日的专辑《二泉映月》中的同名歌曲，华彦钧（阿炳）作曲，王健作词。二胡、扬琴等民乐悠扬的伴奏，加上歌唱家婉转的歌唱，令人们不禁会想到阿炳苍凉悲愤的一生，他用这首曲子抒发出一种无人企及的意境。

（一）小泽征尔说，二胡比小提琴、大提琴更具有感动心灵的力量

1978 年，小泽征尔访问中国，其间到访中央音乐学院，作为学术交流，第一天他指挥了音乐学院西洋乐器的乐队演奏，其中一首就有《二泉映月》。有人对小泽征尔说，中国有个乐器叫二胡，演这个曲子表现力很强。小泽征尔说，他想听一听。第

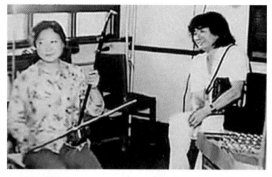

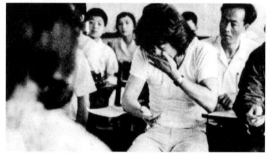

姜建华为小泽征尔演奏《二泉映月》

二天，小泽先生特意来听二胡演奏，由中央音乐学院民乐系的学生姜建华为他演奏《二泉映月》。当悠扬的二胡声一起，小泽先生就被震动了，二胡琴声渐起，如泣如诉、哀怨缠绵，时而低沉，时而高亢。乐器独特的声音，加上乐曲的凄婉悠远，让他一下子沉浸其中。

小泽先生听得很认真，听着听着，突然，他忍不住掩面而泣，在场的人都惊呆了，姜建华也吓坏了，立即停止了演奏。坐在他身边的中央音乐学院院长以为他身体出了什么状况，小泽征尔摆摆手，庄重且虔诚地说："如果早听了这次演奏，我昨天绝对不敢指挥这个曲子，看来我并没有理解这首音乐，因此，我没有资格指挥这个曲目……这种音乐只应跪下来听。"他说，有"断肠之感，这样评价太合适了"。小泽征尔又对姜建华说，二胡比小提琴、大提琴更具有感动心灵的力量，她的二胡最能表现那种无言的痛楚和失落。

同年，小泽再度来到中央音乐学院聆听姜建华的演奏，又一次热泪盈眶，并表示一定要将中国二胡介绍给世界。同年9月

7日，日本《朝日新闻》刊登了发自北京的专文《小泽先生感动的泪》。从此，《二泉映月》漂洋过海，得到了世界乐坛的高度赞誉。

1985年，美国评出了10首最受西方人欢迎的流行乐曲，《二泉映月》名列榜首。1991年，一位英国音乐家在美国的一场音乐会上听了《二泉映月》的录音后激动地对一位贝多芬的同乡说：中国的贝多芬！中国的《命运》！

《二泉映月》及其演奏乐器二胡，都是民族瑰宝。此外，还有扬琴、古筝、笛子、琵琶、箜篌、古琴、阮、笙、箫等等。自古以来，民族乐器产业一直与民族音乐相辅相成，同步发展。拥有数千年悠久历史的中国民族音乐，源远流长，灿烂辉煌，是中华优秀传统文化的重要组成部分。民乐器的生产与制造，也是中华独门武功，独步天下，唯我独尊。具有悠久历史、人才济济的上海民族音乐文化氛围，造就了实力雄厚的上海民族乐器产业，也使上海和北京、苏州等地区一起成为我国最重要的民族乐器产业基地。

（二）合作社改组成立国营上海民族乐器一厂

上海是中西方文化的交汇处，"海派文化""江南文化"和"红色文化"的融合构成了上海的文化特色。20世纪初，一大批近代著名民族音乐家和沪昆表演艺术家在上海驻足，从而形成了上海深厚的民族音乐文化底蕴，也使上海成为东方文化重要的根基地之一。上海是中国民族乐器文化的发展重镇，其民族乐器制作技艺可追溯到清代乾隆、嘉庆年间。上海最早的乐器铺，有名可考的是清代道光年间（1821—1850 年）开设在城隍庙附近的马正兴乐器铺。

1949 年，新中国成立以后，久经磨难的民族乐器行业逐渐形成规模。至 1955 年底，"同业公会"国乐器组有会员 61 家，从业人员 402 人，分布在邑庙（现城隍庙）、蓬莱（现并入黄浦区）、卢湾（现并入黄浦区）和黄浦等区。

1956 年，上海民族乐器业实行合作化，86 户民族乐器制作坊合并为 7 家生产合作社。1958 年，合作社改组成立 3 家地方国营工厂，上海民族乐器一厂自此成立，成为制作吹、拉、弹、打四大类乐器的综合性民族乐器厂，并于 1962 年成功注册了"敦煌牌"商标，开启了上海民族乐器制作规模化、系统化发展的新阶段，厂里的机械化程度也有所提高。

上海民族乐器一厂莘庄旧址

1958—1976 年，"样板戏"是主要的文化生活，这给具有中国特色的民族乐器带来了一定的发展空间。面对机遇，上海民族乐器一厂保持沉着冷静，不管外部环境风吹浪打，内部一心一意抓生产，抓质量，使敦煌牌乐器的产品达到 4 大类 500 多种花色品种，敦煌牌琵琶、二胡、古筝、笛、巴乌等产品质量处于行业领先地位。当时敦煌牌乐器的销量占全国产销的 70%，全国各大专业团体基本都使用敦煌牌乐器。

1978 年后，进入到改革开放新阶段，中国打开了国门，西方音乐大量涌入，吉他、钢琴、萨克斯、电子琴相继涌入，很多家庭都安排孩子学习西洋乐器，这对传统民族音乐和民族乐器形成巨大冲击，民族乐器行业陷入低潮。在此困难形势下，上海民族乐器一厂寻求自救良策。既然在相当长的一段时期内，乐器销量上不去，那么就生产一些其他有销路的产品"借庙躲雨"，上海民族乐器一厂曾经加工、开发、生产过风车、彩蛋、木偶等外销工艺品和娱乐球，也曾研制了多功能直吹笛，引进过流水线安装雅马哈电子琴等，用多种办法来渡过难关。同时，上海民族乐器一厂也没有忘记自己的老本行，一直记得"留根保苗"，对全厂职工开展大规模技术培训和技能考核活动，等待市场风向转变。不管怎么样，上海民族乐器一厂在大潮的冲击下，生存了下来，日子好不好另当别论，在市场经济中，过上好日子需要另谋他径。

（三）城镇集体企业改革，"敦煌"再度"飞天"

1998 年，50 后的王国振走马上任上海民族乐器一厂厂长，他以"文化"和"创新"为核心，大力推进"敦煌"品牌建设，王国振厂长说："我们不只卖乐器，我们更是卖文化。"他的文化营销战略在日益激烈的市场竞争中走出一条独具敦煌特色的发展道路，令敦煌这个老字号品牌焕发出新的活力。

基于现代消费者追求文化价值的心理，王国振提出"传承经典、引领时尚"的发展理念。敦煌每年推出几十款具有时代特色和文化价值的新颖产品，开发出仿古版、时尚版、巨型版、微型版、古典文学版、极品版、纪念版等不同系列的乐器，逐渐形成产品的个性化系列。这种标新立异的文化风格为传统的民族乐器注入了文化价值，也与同类产品形成差异，价格不菲的产品一再

民乐一厂乐器展示

被市场认可，赢得了竞争优势。

2021 年 6 月，有着 63 年历史的上海民族乐器一厂完成公司制改革，变更为上海民族乐器一厂有限公司，引入上海红双喜（集团）有限公司和上海上报资产管理有限公司两家企业持股，从单一的传统的集体所有制走向混合所有制，从生产工厂走向股份制公司，迈入现代公司治理的新阶段，也成为新时期上海城镇集体企业改制的典型范例。

公司改制后，内部管理上，王国振导入绩效管理模式，实施绩效考核机制，企业中层以上干部实行双月考核机制，通过目标承诺考察工作效率。在销售过程中实行买断经营模式，以销售利润和资金回笼为考核重点，将业务员的考核成绩与薪资挂钩，调动了销售人员的积极性和创造性，保障了企业销售逐年上升。在生产岗位上，制定质量奖、技术奖和创新奖，一线岗位的技能工资与产品质量、产量挂钩，多劳多得，多优多得。另外，企业重视研发，每年有近十项的专利诞生。

焦裕禄当年曾在河南兰考种了很多泡桐树，而泡桐树是做民族乐器音板的最好木材，用兰考泡桐树制造出来的乐器“音板”发音准、音色优美。今天的河南兰考已被誉为“民族乐器之乡”，那与上海民族乐器一厂是分不开的。王厂长拍板决定将上海民族乐器一厂的生产基地移至兰考，因为这不仅可以支援扶植当地农民脱贫致富，也可以降低企业的成本。上海民族乐器一厂从兰考采购原材料，也完成了焦裕禄当年的心愿，成就了兰考“中国民族乐器之乡”的美誉。

在王国振的带领下，企业年销售收入从 4 000 万元增长到 4 亿元，增长了 10 倍；年利润总额从 9 万元增长到 1 亿 1 千万元，增长了 1 166 倍，员工年均收入从 1.4 万元提升到 18 万元，增长了 13 倍；每年上交国家税收从 240 万元提高至 8 400 万元，增长了 34 倍。上海民族乐器一厂已然是中国民族乐器行业的领军企业，也是中国乐器行业盈利能力最强的企业。

上海民族乐器一厂大力推进从制造业向服务业的产业链延伸，布局四个平台经济建设——音乐教学和配送平台、非遗文化传习平台、测试鉴定平台、国际文化交流平台，构建可持续发展的平台生态圈。公司坚持文化为主线，品牌建设和创新求变为两翼，实行合作共赢的发展战略。迎来了良好的发展机遇。

上海民族乐器一厂计划利用"互联网+"整合民乐供需资源，开展民乐教学和演艺配送服务。上海民族乐器一厂将把乐器制作相关的非遗技艺聚集在非遗文化传习平台上，形成规模化的产业效应；还将营造乐器制作、演艺、教学一体化的人才技能等级认定架构，形成可引领行业发展的产品技术研发体系和人才队伍体系。

此外，上海民族乐器一厂进一步拓展敦煌牌的国际影响力，全力传播中国文化、讲好中国故事，打响上海品牌的优秀阵地，使"敦煌国乐"成为国际友人心目中的一张亮丽的中国民乐文化名片。2022 年 11 月 19 日上午，国家主席习近平夫人彭丽媛在泰国总理夫人娜拉蓬陪同下参观了甘拉雅尼音乐学院。临别前，彭丽媛向甘拉雅尼音乐学院赠送中国古筝和中国文化音乐类书籍

上海研究院首届艺术沙龙

及音像制品，希望更多泰国青年人学习中国乐器，促进两国文化交流。据悉，她赠送的就是上海民乐一厂生产的敦煌牌古筝。

2023年3月1日，首届上海研究院文化艺术沙龙在上海大学北大楼举办，上海民族乐器一厂乐队的"敦煌国乐系列（一）——筝情筝艺"是第一期内容，这是上海研究院和民乐一厂共同合作、弘扬中国传统文化的一个举措，也是践行中央"四个自信"中的"文化自信"实现"产学研演"有机结合的探索。

整理撰稿：杨涤　乔杨柳[1]

1　乔杨柳，上海民族乐器一厂有限公司副总经理。

十九、凤凰（1958 年）：上海自行车 "绝代双骄" 的另一个

前文已经介绍过了上海永久牌自行车的故事，其实上海产还有一个和永久齐名的自行车品牌——凤凰。提起凤凰牌自行车，在 20 世纪六七十年代，也是家喻户晓，人人皆知。当然，那时候自行车还有其他城市品牌，如天津飞鸽、广州五羊、青岛金鹿，但永久和凤凰，双星闪耀，是上海自行车的 "绝代双骄"。

（一）凤凰比永久历史悠久，但涅槃却是在新中国成立后

要论起历史来，凤凰前身可比永久前身要早很多年。永久的前身是接收日商，凤凰则是地地道道的本土民族企业。最早的凤凰，能追溯到 1897 年（清光绪年间），那一年，公共租界为了庆祝英国维多利亚女王继位 60 周年的功绩，在赛马场举办了一场盛大的自行车比赛，沪上报纸纷纷报道，轰动了上海滩。

一个在上海设摊修理马车、人力车的宁波籍商人诸同生由此触动很大，他认为自行车日后必大行其道，蕴含商机，于是在上

同昌车行创始人诸同生　民国时期，同昌车行宣传广告
造像

民国时期，同昌车行宣传广告。

民国时期，同昌车行月份牌广告。

海市南京东路 604 号创立了同昌车行。1924 年，同昌车行创设
"同昌飞马牌"，采购各国名厂的自行车配件，在英国伯明翰厂进
行装配，最后贴上"同昌飞马"商标在车行销售，开中国自创品
牌自行车先河。1930 年，建立"同昌车行制造厂"，自造零件并
装配，开启了生产"国货"之路。同年造出一款"飞人牌"自行
车，远销东南亚。

　　新中国成立后，1958 年，经历公私合营运动，同昌车行制
造厂与亚美钢圈厂等 18 家中心厂以及一部分小厂共 267 家单
位合并组成上海自行车三厂，址选平凉路 2375 号。上海自行车
三厂在《文汇报》刊登征名启事，经过厂里投票，"凤凰"这个
名字高票胜出。1959 年 1 月 1 日，"凤凰"商标的注册正式被
批准。

　　20 世纪 60—80 年代，和永久牌一样，上海产凤凰牌自行
车是要凭票供应的，普通人家有钱也很难买得到。80 年代，年

凤凰 PA18 车型

轻人结婚时准备的"三件套"就是自行车、电视机、缝纫机，很
多人会选择上海生产的自行车。1980 年，凤凰造出 PA18 车型，
和永久二八大杠分庭抗礼，这款车拿了国家银质奖，火遍大街小
巷。厂里每个月都能收到几百封求购信，谁要有辆凤凰，骑在街
上绝对是风风光光。

借助 20 世纪 80 年代改革开放的东风，凤凰正式出口海外。
1980 年出口意大利一万多辆自行车，1991 年在加纳建厂，是国
内首家在国外建厂的自行车企业。国内国外两手抓，凤凰自行车
业绩一片大好，扶摇直上。1993 年凤凰在上交所挂牌上市。

但是，20 世纪 90 年代开始，包括凤凰在内的自行车行业遇
到了同样的挑战。随着中国市场的开放，自行车品牌选择也多了
起来。我大学期间骑的是青岛生产的"小金鹿"，一款轻便型自
行车，后轮采用倒轮闸，向后轻倒即可刹车。1992 年参加工作

后，我换了一辆辽宁鞍山生产的"斯波兹曼"运动自行车，可几档变速，骑行在路上很拉风。总之那时候，买自行车早就不用票，可选择的品牌也很多，自行车生产进入了一个饱和期，凤凰被拖入了低价竞争的泥潭，无暇顾及开发新产品、新市场。

（二）进入新世纪以来，凤凰发展的曲曲折折

时间来到 2010 年，上海凤凰引入民营资本，进行体制改革，建成集自行车、电动车、童车以及轮椅车等产品生产研发销售为一体的大型两轮车制造企业。凤凰第二次所有制改革的特点是实现了年轻化。改制前职工平均年龄 53.7 岁，改制后平均年龄 32 岁，最年轻的团队平均年龄只有 26 岁。改制前凤凰的代表作是笨重的"二八大杠"，改制后年轻团队提出新思路，开始做儿童自行车，市场营销效果很不错。在凤凰天猫旗舰店，凤凰销量最高的商品是一款 400 元左右的儿童自行车。现在凤凰不只有自行车，产品从婴儿车到轮椅，全生命周期产品都覆盖。

不过，相比较而言，凤凰摊子虽大，盈利能力还不强，所谓铺着最大的摊子，赚了个辛苦钱，自行车行业里的大钱都被国内外高端自行车赚走了。例如，2020 年捷安特销售额 163 亿元，净利润涨了 46.7%；2021 年销售额再涨 17%，冲到 180 亿元大关。同年，凤凰营收大涨 49.59%，却只有 20.58 亿元。凤凰的现状和我国很多制造业的情况是类似的，已经到了寻求高质量发展的阶段。

2016年，"共享单车"这个词热起来了。两家大型共享单车企业ofo和摩拜针尖对麦芒，互不相让，在市场上正面交锋。2017年，在凤凰120周年之际，ofo找上凤凰，开口就要500万辆自行车。凤凰欣欣鼓舞，为了把握这次"机遇"，把所有造车经验、与骑行有关的图纸都共享出来，给ofo定制了公主车车型，还设计制造了投放在硅谷和伦敦的两万辆车，以及投放在新加坡的全球首款采用变速系统的共享单车。

然而，ofo的运维模式有先天缺陷，随着规模的铺开，成本节节上升，管理也开始失控。加上缺乏现金流，当大家因为恐慌性要求退押金的时候，ofo"暴雷"了！ ofo一方面伤害的是预付押金的广大顾客，一方面还伤害到自行车供应商凤凰。活了120年的老鹰，被降生没几年的小鸡啄了眼。

据说凤凰和ofo签的合同是框架协议，具体采购车辆要再签采购合同。ofo应在造车前预付部分款项，待车辆交付后再在规定期限内结清尾款，可最终ofo现金流难以为继，付不出尾款，严重违约。2018年，凤凰把ofo的运营方东峡大通告上法庭，要求偿还6 815.11万元欠款。官司打了好几个月，最终凤凰收到ofo被冻结的2 804.05万元。至于剩下的钱，要分期付款慢慢还，凤凰不得已做了3 617.2万元计提坏账准备。ofo这一把就坑走凤凰好几年的利润，让凤凰元气大伤。2018年，凤凰营收暴跌46.68%，亏损1 368万元。为断臂求生，凤凰不得不拿出旗下富凰30%的股权，卖了1 140万元，才勉强撑过了这场互联网企业对实体经济企业的深度伤害。

（三）凤凰浴火重生，主动走向互联网智能新时代

自行车没有改变，改变的是世界。ofo 平台已经倒了，但实体企业凤凰依旧要继续生存发展。2005 年，凤凰划归上海金山区，有金山的资金资源加持，凤凰留住了最后一口气，在逐步清理收回商标使用权，还在江苏、天津建了生产基地，准备继续创新主业。

一辆运动自行车看着简单，实则有 240 多个零部件，其中 160 多个在变速器上。尤其是高端变速器，我国几乎全部依赖进口。全球 60% 的高端自行车上的变速器，能且只能用日本的禧玛诺，这个变速器成本占了自行车总成本的 40%。中国自行车行业与中国汽车行业发展模式类似，只是组装，没有核心技术。

为了改变这种局面，2020 年凤凰收购了两个自行车品牌和一个零件供应商，打算借日本丸石品牌开拓中高端市场。这一年

新款凤凰自行车

凤凰还组建了研发中心，规划着新产品、新品牌。2021 年，凤凰研发费用支出 2 223.7 万元，研发投入占营业收入的 1.08%。当然，和国际上的对手相比，只有 140 人左右的研发团队还不算强大，但注重研发是个好的趋势，无论如何，凤凰这个国民品牌还活着，还在坚持着。

2021 年，凤凰正式官宣，专注锂电助力自行车。这种车在日本和欧美比较流行，售价高，一辆能卖出几十辆普通车的价。关键在它不用变速器，而是用电能辅助，绕过高端山地车被别人堵死的路。在锂电自行车这个新赛道，中国人抢到了先机。

中国真正的消费主力是 4 个多亿的城市中产阶层。有时候，价格便宜反而不会刺激中产阶层消费欲望。2021 年，我国进口 5.83 万辆自行车，均价 747.33 美元，而我国出口的自行车，均价只有 73.75 美元，价差十倍还多。我认为，凤凰要想突围，要想在新世纪再次实现"百鸟朝凤"以及"凤凰涅槃"，还要深入研究中产阶层需求，找到合适的消费爆点。

整理撰稿：杨涤

二十、红双喜（1959年）：周恩来总理亲自命名

我们经常看到有些人家门前办喜事，会贴出很多大大小小的"囍"字，看着很是喜气。这"囍"字缘何而来呢？其实这个双喜字后面是一个喜庆的典故——"双喜临门"，那是源自古代名仕、北宋宰相王安石的一段佳话。

王安石（1021—1086年），北宋杰出政治家、思想家、文学家、改革家，"唐宋八大家"之一。他出身小官吏家庭，为人特立独行，读书过目不忘，21岁中进士，曾任地方官多年。最后出任宰相，主持在全国推行新法改革运动，史称"王安石变法"。著名诗句"春风又绿江南岸，明月何时照我还？"就出自他手。

相传，王安石23岁那年赴京赶考，途经马家镇，晚饭后闲

红双喜贴纸

来无事，遂上街闲逛，却见一个大户人家的宅院外面挂着一盏走马灯，灯光闪烁，分外耀眼。王安石走近细看，只见灯上写着"走马灯，灯马走，灯熄马停步"的半幅对子，显然是在等人对出下联。王安石不由拍手连称"好对！好对！"站在一旁的管家以为王安石已胸有成竹，马上进去禀告宅院的主人马老员外，但待他出来时，已不见了王安石。其实，王安石只是随便拍手点赞，因为第二天要赶考，并没有心思去琢磨做对。他回旅馆休息去了。

第二天晴空万里，王安石出发去京城，进了考场，答题一挥而就，交了头卷。主考官见他聪明机敏，便传来面试。考官指着厅前的飞虎旗说："飞虎旗，旗虎飞，旗卷虎身藏。"王安石脑中立刻浮现出马员外家走马灯上的那半幅对子，不假思索地答道："走马灯，灯马走，灯熄马停步。"回答这么迅速而且对仗工整，让主考官又惊又喜，觉得他真的是个难得的人才，赞叹不已。

考试结束，王安石回到马家镇等放榜消息，想起走马灯对他的帮助，特意走到马员外家门外，已企盼多时的管家立即认出他就是前几日称赞联语的那位公子，执意请他进了宅院与马老员外相见。看茶落座后，马老员外便请王安石对走马灯上的对子，王公子脑袋灵光，再次移花接木，张口道："飞虎旗，旗虎飞，旗卷虎身藏。"员外见他对得又巧妙又工整，又是一个才思敏捷的公子，马上把女儿许配给他，并主动提出择吉日在马府完婚。原来，走马灯上的对子，本是马小姐为选好夫婿而亲自出的。

结婚那天，马府上下喜气洋洋。正当新郎新娘拜天地、拜父母时，有报子来报："王大人金榜题名，明日请赴琼林宴[1]！"大喜的日子又传来这个好消息，真是喜上加喜，马老员外大喜过望，当即重开酒宴。王安石这位大才子也兴奋异常，提笔在墙上原有喜字旁又写下一个大喜字，凑成一个"囍"字，中国也因此留下一个民俗，以后民间迎娶新人都要贴双喜字，期待双喜临门的意思。

"囍"字，读起来就是红双喜，代表喜庆气氛，吉庆吉利，这种中国象形文字独有的寓意和韵味是西方字母文字没法表达出来的。"囍"这个字肯定有人琢磨过是否能用作字号，但大家已经约定俗成这是婚礼用字，没法用作品牌标志。不过，要是能用"红双喜"作为品牌名字，也是一件幸事啊！

（一）周总理亲自命名"红双喜"

在世界上谈到乒乓球，必然要谈到中国；在中国，谈到乒乓球，就要提及红双喜。喜欢打乒乓球的人都熟悉"红双喜"品牌。

1959年，为了两年后在中国第一次举行的世界大赛上使用国产器材，周恩来总理把制作国际比赛用球的任务交给了上海华联乒乓球厂。

为了完成这个光荣任务，研制人员先从当时独享世乒赛用球资格的英国海立克斯乒乓球上，测出重量、圆度、软硬度、偏心

1　琼林宴，是为殿试后新科进士举行的宴会，始于宋代。宋太祖规定，在殿试后由皇帝宣布登科进士的名次，并赐宴庆贺，赐宴都是在著名的琼林苑举行。

第 25 届世界乒乓球锦标赛男子单打决赛
容国团荣获男子单打冠军

度，还有腰部、顶部的尺寸等 10 项质量标准，又进行了 200 多次原料配方的试验，最终制作出了中国第一只符合国际乒联比赛标准的乒乓球。

1959 年 4 月，在德国多特蒙德举行的第 25 届世界乒乓球锦标赛男子单打决赛中，我国乒乓球运动员容国团荣获男子单打冠军，这是新中国的第一个世界冠军。听到喜讯的周恩来总理把这次夺冠和国庆 10 周年并列为 1959 年的两件喜事，并将中国首次生产的乒乓球命名为"红双喜"，英文直译为 Double Happiness。

为了在中国举办的第 26 届世乒赛，上海华联乒乓球厂从 1959 年 6 月开始试制高档球，用 3 个月的时间生产出了样球。那时，乒乓球还是手工制作，做一个球要 100 多套程序。手工生产的乒乓球淘汰率很高，一年才生产几万个，只有 5% 的合格率，合格叫红双喜，不合格的叫连环牌。后来，在上海市轻工业局、化工局几个部门的共同努力下，乒乓球实现生产机械化，产量从每年几万只增加到几千万只，合格率逐年提高 20%—30%。

当时，国际乒联对乒乓球的标准还是比较粗糙的，只对球的直径和球落下以后跳回的高度有严格规定。但乒乓球的硬度和偏心圆度，国际乒联并没有标准，是红双喜为了高质量，制定了这两个标准。现在国际乒联关于乒乓球偏心圆度和硬度的规定，都是参照红双喜的标准。

（二）国家领导人出访赠送的"红双喜"

2015年，中国国家主席习近平对美国进行国事访问，首站选在西雅图，其中一项日程是访问西雅图近郊塔科马市的林肯中学。

习近平一行人在林肯高中停留了约一个小时。他们首先在体育场欣赏了一场橄榄球表演，然后到南森·鲍林的课堂旁听了课，最后在林肯高中的礼堂欣赏了中美两国学生演唱的中文歌曲《在希望的田野上》和英文歌曲《伴我同行》。

习近平向林肯高中赠送了乒乓球桌、球拍、乒乓球以及一批中国古典书籍。习近平还在礼堂做了17分钟的发言。当他邀请该校100名学生明年亲身到中国体验"乒乓球文化"时，在场学生发出了一阵欢呼。

习近平赠送给林肯高中的球桌是国产运动名牌——"红双喜"。这批器材包括3张球台、20张挡板、100只乒乓球和10副球拍。这批"伴手礼"乒乓球台设计很人性化，外观造型独特、带脚轮、可折叠，拆装简单、一个人就可以推着移动，这是考虑到学校体育活动的便利性，包装内还特意放置了英文版的使用说明书。

为什么是红双喜？因为中美建交，始于著名的乒乓外交，是小球推动了大球。新中国成立后，美国对中国采取封锁、孤立政策，两国民间交往也完全隔绝。1969 年尼克松就任美国总统后，为了摆脱越南战争泥淖的困境，改变当时苏攻美守的战略态势，谋求发展对华关系。

1971 年春，正当两国领导人通过巴基斯坦秘密渠道酝酿美国领导人访华的时候，3 月底、4 月初在日本名古屋举行了第 31 届世界乒乓球锦标赛。在乒乓球赛举行期间，美国乒乓球代表团曾向中国乒乓球代表团表示，在比赛结束之后，希望到中国访问。1971 年 4 月 6 日，比赛已接近尾声，毛泽东主席作出决策，嘱告外交部以电话通知在日中国乒乓球代表团负责人，正式邀请美国乒乓球代表团访问我国。消息传到华盛顿，尼克松总统惊喜交加，当即作出了同意美国乒乓球队访华的决定。事后他回忆道："我从未料到对华的主动行动会以乒乓球队访问的形式得以实现。"

1971 年 4 月 10 日至 17 日，参加在日本名古屋举行的第三十一届世界乒乓球锦标赛的美国乒乓球代表团，应中国乒乓球代表团的邀请访问中国，打开了隔绝 22 年的中美交往的大门。1971 年 4 月 12 日，周恩来总理通过巴基斯坦向美方首脑发出访华邀请；1971 年 7 月 9 日，美国总统国家安全事务助理基辛格博士秘密访华；1972 年 2 月 18 日，尼克松启程来华，21 日到达北京，成为第一个来华访问的美国在任总统。1972 年 2 月

28 日，中美在上海发表《中美联合公报》，中美关系开始实现正常化。

（三）红双喜技术标准被国际乒联确认为国际标准

1989 年，红双喜技术团队研制成功了上砂新材料，把乒乓球的合格率从 1988 年的 29% 一下子提高到了 1990 的 40% 左右。到 1995 年，提升到近 60%，通过技术改造，生产效率也提高了，整个工艺流程大大简化。

1995 年 6 月，上海乒乓球厂、上海球拍厂、上海体育器材一厂、上海体育器材三厂、上海体育器材四厂合并成上海红双喜体育用品总厂，随后引进外资，1996 年初改制为上海红双喜冠都体育用品有限公司。

作为老国企，没有高科技、人才和资金优势，唯一剩下的就是红双喜这个品牌，虽然当时已经被国外大品牌挤压得几乎没有空间了，但相比其他产品，红双喜乒乓器材历史最长，知名度最大，群众基础最广，乒乓球又是中国最强势的体育项目，因此公司决定集中力量做大做强乒乓器材。红双喜在 2003 年转制成为股份制企业。2007 年，又引入了李宁公司这个合作伙伴，把现代化的管理理念嫁接到红双喜的管理机制中。体制和机制的创新，给红双喜带来了第二个春天：1999 年到 2007 年，是红双喜的高速发展期，在中国体育产业发展史上留下了几座里程碑。

1995 年，徐寅生当选为国际乒联主席，成为首位出任此职的中国人。任职期间，他主导推动了 38 毫米小球向 40 毫米大球的改革。球变大 2 毫米后，球速变慢，旋转变弱，一个最直观的影响就是观众看得更清楚了，比赛的来回也变多了，更容易出现精彩场面，这为乒乓球运动在全世界赢得了更多的观众。

1996 年，在徐寅生的建议下，红双喜独立承担了国际乒联的大球研究项目，历经 4 年的研究和推广，红双喜的 40 毫米乒乓球技术标准最终被国际乒联采用。这是中国企业制定的标准第一次被国际单项赛事的最高组织机构确认为国际标准，红双喜从做产品的三流企业、做品牌的二流企业，跨入制定国际标准的一流企业。

2000 年，红双喜亮相悉尼奥运会，中国品牌进入奥林匹克的最高殿堂。算上 2012 年的伦敦奥运会，红双喜是唯一连续 6 届进入奥运会的中国运动品牌。2000 年 5 月，国际奥委会向徐寅生颁发了奥林匹克勋章，表彰他为乒乓球运动做出的巨大贡献。

2003 年，红双喜"彩虹"球台在巴黎世乒赛上亮相，率先揭开了世界性乒乓球器材革命的帷幕。在世界乒坛，顶级赛事和顶级运动员逐渐成了红双喜的代名词，这家年过半百的老国企重新焕发了青春，成为中国少数几个具有国际影响力的运动品牌之一。

"顶级赛事"和"顶级运动员"的基因由此贯穿了红双喜诞生以来的整个历程。红双喜几乎囊括了所有重大的乒乓赛事，包

红双喜"彩虹"乒乓球台

括乒乓三大满贯赛事：世乒赛、世界杯、奥运会。国际乒联职业
巡回赛、亚洲杯等洲际赛等重大的乒乓国际赛事也都采用红双喜
乒乓球台或乒乓球作为赛事器材。

红双喜从无到有，成为具备国际标准的品牌，经历 40 多
年的改革开放之后，红双喜由弱到强，成为世界领先的乒乓品
牌；现在，红双喜又从乒羽小球跨度到大球项目，发展举重等项
目。红双喜的发展史，有着中国乒乓的发展背景和缩影，也是中
国运动品牌发展的一面镜子，凝结红双喜历史上每一代员工的
汗水。

整理撰稿：杨涤　吕明霞

下篇

改革开放，迎风弄潮

二十一、宝钢（1978年）：改革开放的"1号工程"

1978年，既是中国重大转变之年，也是中日关系转变的一年。如何学习借鉴发达国家的市场经济经验来建设中国的现代化，是改革开放的总设计师邓小平一直在思考的问题。在中共十一届三中全会召开前夕，邓小平心中正在勾画着改革开放的宏伟蓝图，他首先把目光投向了近邻日本。

（一）邓小平："我懂得了什么是现代化了"

1978年10月，邓小平首次正式访问日本。邓小平这次访问，是为了出席互换《中日和平友好条约》批准书仪式，也是他在酝酿中国现代化路径过程中所做的一次考察和取经。

日本日产公司的工厂当时刚引进了机器人生产线，使之毫无争议地成为世界上自动化程度最高的汽车生产厂。在参观过程中，邓小平得知该厂人均每年汽车生产量为94辆后，深有感触地说，这个工厂比中国最先进的长春第一汽车制造厂的人均年产量竟多出 93 辆。在参观结束后，邓小平在发表的即席讲话中提道："我懂得了什么是现代化了。"

邓小平还参观了位于千叶县东京湾海岸的君津钢铁厂，这是一家现代化的钢铁生产企业，仅其一家的产量就相当于中国当时所有钢铁企业产量的一半。邓小平看到君津钢铁厂流水铸造生产线以及电子计算机控制生产的技术，认为这就是中国第一个现代钢铁企业的模板。

在参观日本现代化工厂期间，邓小平体会到，先进技术需要有高效的管理手段为保证，而好的管理方法又与国家体制紧密相连。他很清楚，日本政府在日本现代化过程中起到了非常重要的作用。他被日本工厂、公共交通和工程建设所体现出的现代化深深吸引，非常希望能够尽快找到一种途径，把现代技术和管理方式引入中国。

访日归来的当年 12 月，中共中央在邓小平的主导下，做出了以经济建设为中心、实行改革开放的重大战略决策以及后来的"三步走"的发展战略，中国经济腾飞的路径被开辟出来！

（二）1978 年 8 月 12 日，国务院正式批复《上海宝山钢铁总厂计划任务书》

20 世纪，中国钢铁产量和质量都严重落后于发达国家，甚至落后于第三世界平均水平。1978 年国家全年钢产量只有 3 000 万吨，仅占全世界产能的 4.42%；中国钢铁行业技术也是非常落后，同期日本高炉容积都在 5 000 立方米，而中国的高炉容积仅数百立方米。当时中国的自动化水平也远远落后日本，中国采用横列式轧机，人工喂钢，危险系数较高，而日本已经使用自动全连轧，每秒轧钢 70 米。钢铁质量上更是差距巨大，例如一汽生产的红旗轿车，面板只能使用热轧钢板，厚重易生锈，光洁度差，而世界各国生产的汽车均为先进的冷轧钢板，又薄又轻，光滑耐用。

为了改变我国钢铁行业严重落后的现状，国家决定建设一个现代化的钢铁厂作为全国的钢铁基地。钢铁基地建在哪里？国家计委、建委和冶金、外贸、交通、铁路等部门组成调查组在全国范围内筛选，选址拟仿照日本的新日铁，所在城市工业要有一定基础，城市综合实力强，另外位置要沿海，以便进口铁矿石。调查组走访了连云港、天津、镇海、大连等 10 多个港口城市，发现都不太适宜。这些地方突出的问题是工业基础薄弱和综合能力不强，难以支撑庞大的现代化钢铁基地运行。

最终专家认定上海最适宜。当时上海是中国最大的工业城市，工业基础和综合能力足以支撑这一现代化的钢铁基地。起初，专家们设想建在上海金山卫，金山卫航道水深，滩涂闲置，可以少征农田，降低建设成本。可经过调查，发现金山卫濒临杭州湾，处亚热带季风登陆的风口，海面风急浪高，海潮大起大落，不利于矿石船停靠码头，而且远离上海钢厂，铁水运送难以解决。于是，专家把目光转向了上海的长江口。

在长江口，还有两个方案。"西方案"是石洞口以西的盛桥、罗泾一带；"东方案"在石洞口以东，此地离县城较近，而且规划区中间有一个滑翔学校和 3 150 亩（210 万平方米）的废弃机场可以直接利用作为施工基地，进而少征土地，少动迁 1 145 户村民。专家组和上海市领导苏振华、倪志福、彭冲、林乎加、陈锦华等随即到现场踏勘，最后决定采用"东方案"。陈锦华说，上海南有金山，北有宝山，遥相呼应，为国家积累金银财宝。就这样，宝钢以宝山而得名。

1978 年 3 月 9 日，国家计委、国家建委、国家经委、冶金部、上海市正式向中央呈报《关于上海新建钢铁厂的厂址选择、建设规模和有关问题的请示报告》。两天后，中共中央政治局常委及相关副总理相继批准了报告书。1978 年 8 月 12 日，国务院正式批复《上海宝山钢铁总厂计划任务书》。

1978 年 12 月 21 日，我国与日方就《关于认购上海宝山钢铁总厂成套设备的总协议》及高炉、焦炉、转炉三个成套设备的合同，在上海锦江饭店小礼堂举行了签字仪式，合同总价达 20 亿美元并按现汇支付。

1978 年 12 月 23 日，在宝山吴淞口，宝钢一号高炉打下了

宝钢开工建设

第一根桩，标志着宝钢正式动工兴建，时任国务院副总理谷牧前来参加并为工程剪彩。宝钢一期工程，是 20 世纪 50 年代以来，钢铁工业乃至全国建设工程中投资最多、技术最新、难度最大的一个工程项目，由于它是在十一届三中全会公报发布的当天破土动工，因此也被称为改革开放的"1 号工程"。

（三）从传统"钢铁基地"升级为全新的"现代化钢铁厂"

当时建设这样一个钢铁工业基地，最少要花 300 亿元。而中国当年的财政收入才 800 亿元。不仅资金短缺，技术更是"一穷二白"。由于邓小平访日对日本钢铁行业的高水平发展印象深刻，上海建设宝钢自然考虑寻求日本的帮助。在冶金部和上海负责同志共赴日本，考察新日铁并与日方人员进行深入交流后，这个方向更明确了，日本也给出了积极回应。日本市场小，中国寻求日本援建钢铁厂，正好也是日本钢铁行业重整旗鼓的一次契机，双方一拍即合。

在此之前，日本已对一些发展中国家提供了援助。中国人口众多，一旦发展起来，会给日本企业带来巨大的市场机会。因此，当中国拉开改革开放的大幕时，日本把援助方向转向中国，很有战略眼光。20 世纪 70 年代末，两次石油危机让日本国内的钢铁市场处于低迷状态，援建宝钢给了新日铁再次辉煌的一个契机。

按中方最初的计划，在宝山建设的只是一个"钢铁基地"，仍然附属于旧钢铁厂范畴。但日方认为，光建设"钢铁基地"是无法赶上世界潮流的，必须引进最新技术，包括完整的管理体系，建设全新的"现代化钢铁厂"。中央领导层在研判了日方建议之后，最终决定建设全新的宝山钢铁厂。

当时，中国急于恢复被破坏了的国民经济，力图尽快赶上世界发达国家，特别在1980年，中国各项建设摊子铺得太大，步子迈得太快，导致资金捉襟见肘。因为财政赤字问题，中央对经济建设计划进行了重新审视，中止或者缩小了很多项目，原来概算总投资人民币200亿元的宝钢，以当时全国人口计，平均每人要分摊20元，宝钢"是上马还是下马"也引起了激烈的争论。有人写信给中央领导，提出宝山不适合兴建大型钢铁厂的意见，一时间传闻很多，宝钢建设项目一度被认为可能要"黄了"。

中央委托当时兼任中央财经小组组长的陈云出山，亲自抓宝钢问题。从1979年5月初开始，陈云对宝钢问题进行了约一个半月的深入细致的专项调查研究，并亲赴上海考察，广泛听取各方意见。在专题会上，陈云明确指出，宝钢是四化建设的一个特大项目，上了马就要干到底，只能干好，不能干坏。他提出了八点结论性意见，为宝钢建设指明了干到底、分期建的方向。

1985年9月15日，宝钢1号高炉正式点火，这意味着宝山钢铁厂一期工程顺利建成。宝钢一期工程共有4 063立方米的高炉1座，450平方米烧结机1套，50孔焦炉4座，300吨转炉3座，直径140毫米无缝钢管轧机1套，1 300毫米初轧及钢坯连坯机1套，总投资128.77亿元，包括引进技术和设备在内使用外汇 27.8 亿美元。

宝钢的建设对于中国钢铁工业的发展具有里程碑的意义。通过成套引进国外先进技术装备，宝钢实现了硬件方面的赶超，还逐步培训了人才，使中国钢铁工业技术装备水平与世界先进水平的差距至少缩短了 20 年。宝钢的建成也有效地弥补了我国钢铁品种、质量上的不足，满足了我国汽车、石油、造船等下游行业对高端钢材的紧迫需求。

宝钢投产以来，一直立足钢铁主业，生产高技术含量、高附加值钢铁精品，是中国自主创业、最具世界竞争力的钢铁联合企业。宝钢生产的普碳钢、不锈钢、特钢三大产品系列，为中国挺起国民经济发展的钢铁脊梁。2006 年以后，中国由钢材净进口大国变为净出口大国，绝大多数钢材自给率超过 100%，跻身世界钢铁强国，宝钢在其中功不可没。印证了邓小平同志当年的预言：历史将证明，建设宝钢是正确的。

（四）宝武集团成立，加快推进数字化转型

2000 年 2 月，宝山钢铁股份有限公司正式创立，同年 12 月在上海证券交易所上市。2016 年，宝钢股份和武钢股份实施联合重组，组成"中国宝武钢铁集团有限公司"，并购重组后，产业集中度显著提高，链条协同效应日益凸显，宝钢成为全球碳钢品种最为齐全的钢铁企业之一，全球上市钢铁企业粗钢产量排名第二、汽车板产量排名第一、取向硅钢产量排名第一。

近年来，顺应数字经济发展趋势，宝钢着力在培育新增长点形成新动能上下功夫。紧紧围绕集团公司 2035 远景目标，坚持规划引领，以数智技术与钢铁制造深度融合为主线，深入推进智慧制造，探索数字化转型。

首先，加快智能车间建设，打造极致高效无人化工厂。到 2025 年，操作室整合 320 个以上，完成 20 万台以上设备远程智能运维，建设 100 条以上智能产线，建成宝山、青山、东山、梅山四大智造基地，实现智慧制造 1.0。

其次，加快工业机器人应用推广，2021 年实现机器人保有量翻番，到 2023 年万人机器人台数、百万吨机器人台数达到行业标杆水平，到 2025 年累计消除现场作业超过 1 500 项，机器人保有量保持行业领先。

最后，推进"钢铁工业大脑"建设，三大领域、10 个项目、10 个团队，锚定目标、潜心钻研，致力于打造一批人工智能与钢铁深度融合的典型示范应用；构建一套敏态创新、智能管理的工作体系；突破一批软件智能化关键技术；注册一批软件智能标准和专利技术；解决一批钢铁行业制造、服务、治理过程中的"黑箱"和"不确定性"难题。

宝钢将用 3 年左右建成基础设施完备、数据资产齐整的大数据生态，包括覆盖多基地、架构完备的大数据中心基础平台，覆盖钢铁核心业务、可复用的数据资产，得到较成熟开发、可全面赋能钢铁制造的体系化大数据应用，建立完备的数据治理体系。

宝钢炼铁控制中心

宝钢宝山基地热轧厂 1580 产线"1+N"集控中心

宝钢硅钢事业部第四智慧工厂热拉伸平整机组出口多功能机器人

宝钢产成品智能物流管控中心　　　　宝钢无人仓库和无人驾驶重载框架车

　　看准了的事情，不要争论，埋头去做，不争论，是为了争取时间干。一争论就复杂了，把时间都争掉了，什么也干不成。不争论，大胆地试，大胆地闯。这恐怕是邓小平先生留给中国的一笔宝贵精神遗产，宝钢的建设就是一个证明。

　　　　　　　　　　　　　　　　　　　整理撰稿：王建[1]

1　王建，上海市经济和信息化发展研究中心战略规划和经济运行部副部长（主持工作）、高级工程师、博士研究生。一直从事产业规划、政策分析和研究等工作。参与过工信部、中国工程院等国家部委、上海市决咨委、上海市哲社科办、市相关委办的多项重大课题研究项目。

二十二、陆家嘴（1990 年）：浦东开发开放的起点

不论你来自哪里，只要你来上海，出差也好，旅游也罢，都应去一趟陆家嘴。没有到过陆家嘴，就相当于没有到过上海，陆家嘴是上海的地标之一。陆家嘴，位于浦东新区的黄浦江畔，与外滩万国建筑群隔江相望，占地面积 31.78 平方千米。上海的母

在陆家嘴近距离仰望上海中心大厦、金茂大厦和环球金融中心大厦

从外滩眺望陆家嘴

亲河黄浦江在与苏州河的交界处拐了一个近乎完美的半圆形，从而形成了著名的陆家嘴。

历史上的陆家嘴只是一个江滩和防洪堤，还有一些货运码头和船厂。改革开放至今，陆家嘴发生了翻天覆地的变化，已成为全球排名前四的国际金融中心。陆家嘴的小陆家嘴风景区，汇集东方明珠广播电视塔、上海中心大厦、上海环球金融中心、上海金茂大厦等现代建筑，无论近距离仰望，还是从外滩眺望，都能带给你巨大的视觉震撼。

（一）邓小平关心、部署与推动浦东开发

1978 年 12 月，党的十一届三中全会作出改革开放的伟大决策，次年开始在深圳、珠海、汕头、厦门试办出口特区，这些特区建立后生机勃勃，发展迅速。1984 年 9 月，由国家计委牵头的调研组到上海进行调研。三个月后，调研组联合上海市人民政府向国务院、中央财经领导小组提交《关于上海经济发展战略汇

报提纲》，正式提出开发浦东的设想。1985 年 2 月，国务院在批转该提纲时指出："在新的历史条件下，上海的发展要走改造、振兴的新路子，充分发挥中心城市多功能的作用，使上海成为全国四个现代化建设的开路先锋。"

1986 年 10 月，上海市于 1984 年 2 月上报的《上海市城市总体规划方案》得到国务院批复。批复不仅要求"把上海建设成为太平洋西岸最大的经济贸易中心之一"，还特别强调要"注意有计划地建设和改造浦东地区"，"尽快修建黄浦江大桥及隧道等工程，在浦东发展金融、贸易、科技、文教和商业服务设施，建设新居住区，使浦东地区成为现代化新区"。就这样，在中央和地方联动思考如何振兴上海的决策过程中，浦东开发逐渐浮出水面。

1987 年 7 月，在中央建议下，由中外双方专家组成的开发浦东联合咨询研究小组成立，历时一年多完成了《浦东开发开放预可行性报告》及 60 多万字的专题报告。1988 年 5 月，开发浦东新区国际研讨会召开，时任上海市委书记江泽民在开幕式上指出，一定要把开发浦东，建设国际化、枢纽化、现代化的世界一流新市区这件事情办好。

1988 年的 9 月 30 日，江泽民、朱镕基、汪道涵专门向中央汇报浦东开发准备情况，得到中央原则同意和一系列具体指示。在此基础上，上海市成立了开发浦东领导小组。1989 年 10 月，《浦东新区总体规划初步方案》编制完成。朱镕基在研究浦东开发专题会上明确提出："浦东是将来上海的窗口、上海的希望。"到 20 世纪 80 年代末，开发浦东的决策已经水到渠成。但在这个阶段，中央的考虑是将开发浦东作为振兴上海的引擎，还没有提升到国家战略的高度。

1989 年春夏之交，西方社会纷纷对华制裁，山雨欲来风满楼，国际环境陡然恶化，国内经济也出现徘徊不前的苗头。中国该向何处去？当时国内各种杂音喧嚣直上，甚至有些人提出要把防止和平演变作为工作重点，这是对以经济建设为中心以及改革开放的一种偏离。

对此，邓小平，这位中国改革开放的总设计师头脑依然清醒。他指出，以经济建设为中心一定要坚持，改革开放的路没有错，要继续走下去。1990 年 1 月，邓小平在上海视察期间，对朱镕基等上海市的领导说："请上海的同志思考一下，能采取什么大的动作，在国际上树立我们更加改革开放的旗帜。"

1990 年 2 月，邓小平对几位中央领导同志谈上海浦东的开发开放事宜时说："上海的浦东开发，你们要多关心。"3 月，邓小平同几位中央领导同志谈话时又说："机会要抓住，决策要及时，要研究一下哪些地方条件更好，可以更广大地开源。比如抓上海，就算一个大措施。上海是我们的王牌，把上海搞起来是一条捷径。"

那么，如何才能把上海"搞起来"呢？邓小平坚定地将目光投向了浦东。在邓小平眼里，浦东开发"不只是浦东的问题，是关系上海发展的问题，是利用上海这个基地发展长江三角洲和长江流域的问题"，他指出："深圳是面对香港的，珠海是面对澳门的，厦门是面对台湾的，浦东就不一样了，浦东面对的是太平洋，是欧美，是全世界。"

浦东开发比深圳等几个经济特区的开发晚了整整十年。邓小平不止一次提到，上海浦东开发搞晚了。他曾说："回过头看，我的一个大失误就是搞四个经济特区时没有加上上海。要不然，现在长江三角洲，整个长江流域，乃至全国改革开放的局面，都会不一样。"但他又坚定地相信，上海的条件好，浦东的起点高，只要思想解放一点，步子迈快一点，完全可以做到后来居上。邓小平的意见引起了党中央、国务院的高度重视，提高了浦东开发的"优先级"和战略高度。

1990年2月26日，中央收到上海市上报的《关于开发浦东的请示》。3月底至4月初，中央委托时任国务院副总理姚依林带领国务院特区办、国家计委、财政部、中国人民银行、经贸部、商业部等部门负责人来到上海，对开发开放浦东问题进行专题研究和论证，形成《关于上海浦东开发几个问题的汇报提纲》。

1990年6月2日，中央正式批准上海市《关于开发浦东、开放浦东的请示》，强调开发和开放浦东是深化改革、进一步实行对外开放的重大部署，是一件关系全局的大事，一定要切实办好。

1992年10月，党的十四大报告对浦东开发开放作出"一个龙头、三个中心"的部署，即以上海浦东开发开放为龙头，进一步开放长江沿岸城市，尽快把上海建成国际经济、金融、贸易中心之一，带动长江三角洲和整个长江流域地区经济的新飞跃。从此，开发浦东就不仅仅是上海一个地方振兴的问题了，而是与国家区域发展乃至全国发展紧紧联系起来了。

（二）浦东开发从陆家嘴开始，在烂泥塘上建摩天大楼

上海的城区面积很大，大约相当于 3 个东京、4 个伦敦、5.2 个纽约、2.6 个莫斯科、9 个新加坡、10.5 个首尔、60 个巴黎、7.34 个柏林、5.1 个罗马。

浦东也很大。浦东新区是上海仅次于崇明区的第二大区。早期的浦东并没有城市的模样，确切地说浦东是农村。那个时候，浦东没有几条像样的公路，比如，现在的杨高路原来不过是一条土路，宽度才 6 米到 7 米，在当时的浦东还算是一条主干道。

为开发浦东，上海成立了陆家嘴金融贸易区开发公司，成立时目标就很明确，要将陆家嘴地区建设成为现代化的金融贸易区。最初公司只有 6 个人，暂时租借浦东开发办的办公室，放几张桌子板凳，就算开张了。开发公司最初的 200 万元启动资金，是向工商银行浦东分行借来的，工商银行浦东分行在没有担保的情况下，以信用贷款的方式借给开发公司 200 万元。

浦东开发开放吸引了很多外省市关注，他们也看中其中蕴含的机遇，纷纷要来浦东拿地皮，建大楼，开发公司几乎应接不暇。当时，市里和浦东管委会的要求是：欢迎来投资，门槛不要太高。但开发公司认为土地批租的起步价如果太低，后面的投资就会有比较，反而对后续批租土地不利。最后，开发公司按照市里定的 2 400 元 / 平方米的指导价格进行批租，实际签约价格基

本上都达到 2 400—2 600 元 / 平方米。

　　一些有眼光的外资企业也开始拿地皮，加入浦东开发。泰国正大集团动作最快，他们看中了陆家嘴中心区黄浦江岸边的黄金地段。1991 年 4 月 28 日，上海市人民政府批复正大集团项目为陆家嘴金融贸易区重点开发项目。1991 年底，开发公司与泰国富泰（上海）有限公司签订了合资开发浦东新区"富都世界"的意向书，双方各占 50% 股份，中方以所处的土地折合成投资金额，泰方以等额的资金予以投入，合作期限为 88 年。富都世界初定分三期开发，规划开发建设 140 万平方米，目标是建成集金融、办公、贸易、购物、旅游、娱乐于一体的富都世界新城区，与陆家嘴金融贸易区中心区和浦西外滩构成国际性的金融贸易中心。

　　富都世界地块是浦东老城区，是 20 世纪早期形成的工厂、码头、仓库的集中地，有大量的危棚简屋、陋街小巷，动迁任务很大，动迁后的土地平整工作量也很大，都要用到大笔资金。开发公司的 200 万元启动资金简直是九牛一毛，公司资金紧缺，甚至借过高息贷款。1992 年 11 月，工商银行浦东分行给开发公司以大力支持，签订了银企合作协议，提供 2 亿元人民币和 1 500 万美元的巨额贷款，一下子缓解了资金难题。再后来，中国工商银行同意在 4 年内给予公司 10 亿元人民币的贷款授信额度，用以支持富都世界发展有限公司滨江沿线土地开发、市政配套建设。

　　富都世界在小陆家嘴 1.7 平方公里的土地中占据了 0.3 平方公里，是小陆家嘴地区位置最好的地块。第一批集中开发的是沿

江片，主要是吸引海内外著名公司入驻，大打"世界牌"。富都
世界的宣传很快引得境内外大公司纷至沓来。

第一家来投资的是中国台湾地区的震旦集团，1993 年 11
月 10 日，震旦集团当天看地、当天洽谈、当天签约。3 个月后，
震旦集团把土地租金打到账上，完全用美元结算。如今，震旦国
际大厦矗立在浦江东岸，其特殊的地理位置和 3 600 平方米的主
楼以及超大扇形电子显示屏十分瞩目。

随即，马来西亚的嘉里集团以楼面价 500 美元 / 平方米的
价格拿下地块，总投资近 9 000 万美元，建造了五星级的浦东
香格里拉大酒店，在 1998 年建成开业。1993 年 12 月 31 日，
正大集团签下土地转让合同。2002 年，在此地块上建造的超大
型集购物、餐饮、娱乐、休闲于一体的购物娱乐中心——正大广
场竣工开业。1997 年，花旗银行大厦由巴鼎房地产发展有限公

震旦国际大厦

司签下土地转让合同，在 2005 年建成。

　　这些投资者带来的开发建设极具国际范儿，他们的建筑均委托国际著名的建筑设计机构来设计。这些楼群建成后，巍然矗立，各展风姿，成为浦东滨江地带的靓丽风景线。这些标志性大楼的建成，是大公司看好中国、看好上海、看好浦东的标志。

　　经过 30 多年的发展，陆家嘴地区已经汇聚了银行、股票、债券、期货、货币、票据、外汇、黄金、保险、信托等各类金融机构。30 多年间，这里集聚全球近四万家外资企业，首个外商独资保险控股公司、首家外资控股证券公司、首家外资银行等都在这里诞生。陆家嘴"金融先行"带来了浦东新区实体经济的蓬勃发展，浦东以全国 1/8 000 的面积创造了 1/80 的国内生产总值、1/15 的货物进出口总额。2021 年，浦东新区生产总值同比增长 10%，实到外资增长 14.2%，经济发展迈上新台阶。

正大广场　　　香格里拉酒店

（三）在新发展阶段，陆家嘴向何处去?

2020 年 11 月 12 日，在浦东开发开放 30 周年庆祝大会上，习近平总书记嘱托浦东，"勇于挑最重的担子、啃最硬的骨头，努力成为更高水平改革开放的开路先锋、全面建设社会主义现代化国家的排头兵、彰显'四个自信'的实践范例，更好地向世界展示中国理念、中国精神、中国道路"。

2021 年 7 月，《中共中央国务院关于支持浦东新区高水平改革开放打造社会主义现代化建设引领区的意见》正式发布，浦东迎来了新的改革机遇，也承担起新的开放使命。

2021 年 8 月，《自贸试验区陆家嘴片区发展"十四五"规划》正式发布。"十四五"时期，陆家嘴将进一步强化国际化水平最高、生态功能最完整、营商服务最优三大优势，加快建设全球人民币金融资产配置中心、世界级总部功能集聚高地和国际化一流营商环境示范区，将陆家嘴建设成为上海国际金融中心核心区和与中国国际地位相匹配的国际一流金融城。

2022 年 9 月，G.I.S. 陆家嘴全球专业服务商峰会在陆家嘴召开。陆家嘴管理局正式发布《全球专业服务商引领计划暨关于促进专业服务业高质量发展的若干措施》，并与欧华律所、玛泽咨询、世邦魏理仕等专业服务机构签署促进投资战略合作，旨在构建全球专业服务网络，更好推介引领区政策，利用全球顶级专业服务业集聚优势，进一步构建和提升陆家嘴金融城国际化水平最高、生态功能最完整、专业服务最优的营商环境。

2022 年 11 月，"陆家嘴金融城百亿品牌园"计划正式发布，推出"1+1+7+X"的百亿品牌园"建设模式"，即在陆家嘴建设一个品牌高地生态圈，成立一个百亿品牌园工作专班，搭建"战略、金融、政策、宣传、人才、空间、创新"7方面的全方位赋能体系，陆家嘴金融城百亿品牌园作为一个开放平台，服务"X"家企业，培育一批具有影响力的中国品牌和世界品牌，为陆家嘴带来更为国际化的品牌认知标签。

2022年12月，浦东发布《加快推进陆家嘴金融城全球资产管理中心核心功能区建设的若干措施》，从5个方面15条举措，推动资产管理行业固链、强链、补链、育链、延链，力争到2025年，国际行业领先的资产管理机构在陆家嘴的总量突破150家，管理资产规模实现快速增长，助力上海迈入全球资产管理中心城市前列，促进上海国际金融中心核心区建设。

截至2022年11月底，陆家嘴金融城已聚集6 000多家中外金融机构和13家国家级要素市场和功能性金融基础设施机构，其中持牌金融机构达929家，占全国总量的35%。陆家嘴的开发，是党中央开发开放浦东的英明决策以及市委、市政府解放思想和锐意进取，也是上海干部队伍大胆试闯，摸着石头过河，闯出一条改革开放之路所共同造就的发展奇迹。以陆家嘴为起点的浦东开发开放30多年取得的显著成就，为中国特色社会主义制度优势提供了最鲜活的证明！

整理撰稿：杨涤

二十三、上海证券交易所（1990 年）：突破"姓资姓社"思想束缚

证券指有价证券，如股票、债券以及期票等。我国证券交易始于清末，最初以股票买卖为主，至于债券买卖，则始于民国。1949 年 6 月 10 日，上海市人民政府查封远东最大的证券交易所——位于汉口路 422 号的上海证券大楼，随后，上海市的证券交易场所全数遭查封。证券交易所重回上海，是改革开放后的事情。

（一）旧中国证券交易所简史

晚清洋务运动兴起，中国的股份公司也开始出现，随着诸如招商局轮船公司、汉冶萍煤矿公司、上海三星纺织厂、上海商务印书馆、南通大生纱厂、浙江铁路公司、江苏铁路公司、粤汉、川汉铁路公司、中国银行、交通银行、通商银行、招商局、中华书局、南洋兄弟烟草公司等这一批股份公司公开发行股票，人们争先购买。随之而来"倒腾"股票的掮客极为活跃，这些"股票

贩子"每日午前聚集在茶馆，相互沟通信息，洽谈股票交易，这就是所谓"茶会"。

1792 年 5 月 17 日，为了避免股票市场无序竞争，美国 24 名经纪人在华尔街的一棵梧桐树下聚会商订了一项协议，约定每日在梧桐树下聚会沟通信息，从事证券交易，他们还制定了交易佣金的最低标准及其他交易条款。"梧桐树协议"被认为是美国金融业行业自律的开始，也是纽约证券交易所的开端。122 年后，中国也发生了类似的事情。

1914 年，"茶会"经过大家协商，改组为股票商业公会，公会由会员组成，专设股票买卖市场，每天上午固定时间，集会买卖证券，会员也可以代理买卖，按照成交额收取佣金。市场管理人员登记交易情况，逐日公布行情，并印送市场行情记录，分送给各会员。除了交易股票，还兼营北洋政府发行的公债以及新华银行发行的新华储蓄券等。

1914 年 12 月，北洋政府颁布了中国历史上第一部《证券交易所法》，1918 年 6 月 5 日北京证券交易所获得农商部批准开业，成为国人自办的第一家证券交易所。9 个月后，虞洽卿等人在上海成立了上海证券物品交易所。紧接着，

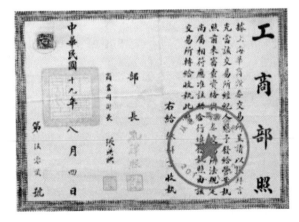

上海华商证券交易的执照

上海股票商业公会经批准改组为上海华商证券交易所。后由于时局变化，这两个证券交易所相继停业。

1946 年 5 月，国民政府行政院发布训令，筹组了"上海证券交易所"。9 月 16 日正式营业，为当时全国唯一的证券交易所，为股份有限公司性质，资本额定为 10 亿元，中国、交通、中国农民银行和中央信托局、邮政储金汇业局五家认购 40%，原华商证券交易所的旧股东认购其中的 60%，交易以中国公司的股票为主，兼及政府公债和外商在华发行的证券。后由于法币制度逐渐崩溃，上海证券交易所的股票价格全面下跌，证券交易一蹶不振。

1949 年 5 月 27 日上海解放。人民政府宣布金条、银元以及外币一律由人民银行挂牌收兑，禁止在市场上自由流通，并明确规定人民币为唯一合法货币。可由于上海刚刚解放，被国民党金圆券欺骗害惨了的上海老百姓对共产党有疑虑，害怕人民币大量贬值，所以老百姓领到薪水后第一时间就将人民币去购买柴米油盐，或者兑换成黄金、银元和美元。人民币几乎流通不了，于是就有投机分子放言："解放军进得了上海，人民币进不了上海！"

当时上海投机分子的大本营就在市中心汉口路 422 号的证券大楼，此时证券交易基本上已经都停止了，主要是黄金、银元和美元的交易。他们通过证券大楼里的电话与外部联系，操纵整个上海的金融黑市，银元的价格迅速疯涨，很多商店拒收人民币，更进一步加剧了人民币的贬值，物价随之迅猛上涨。

为了稳定金融市场，在使用经济手段及明令警告都没有效果后，上海市人民政府随即根据中央指示，会同市公安局等部门一举查封了证券大楼，逮捕主要投机奸商 20 多人及喽啰 100 余人，对其中首要分子给予严厉惩处，同时一并取缔了其他的投机据点以及街头巷尾的银元黑市。查封证券大楼后，中央又通过全国调度，稳定了大米、棉纱、煤炭这三样基本的生活必需品的价格，很快就稳定了物价，通货膨胀被控制住了，人民币开始正常流通。

在完成国民经济恢复任务以后，1953 年，中国开始着手大规模对农业、手工业和资本主义工商业进行社会主义改造，通过公私合营，实现了对私有经济的和平赎买政策。到 1956 年底，全国有 87 900 多家私营工商企业完成了所有制的改造，核定私股股额 24 亿多元。自 1956 年 1 月 1 日起，国家按 5% 的固定股息，每年给私股发放 1.2 亿元的定息，领取定息的私人股东共有 114 万人。这些私股是一种特殊股票形式，类似于优先股，只限于领取固定分红，不允许交易。

在 1956—1978 年的 22 年里，中国一直搞计划经济，完全依靠指令性计划的行政手段来调节国民经济运行，在物资分配和资金调拨上，通过"大财政、小银行"的财政金融体制，实行统分统配、统存统贷。国内以国营企业和集体企业为主，几乎没有股份公司，股票市场作为资本主义特有的东西被彻底摒弃。

（二）上海"低调、大胆"的探索：静安证券营业部

20 世纪 80 年代中后期，曾经在中小型国营企业大面积推广

的"厂长负责制""经营承包制"开始暴露出弊端。这些形式的改革探索虽然在一定程度上促进了国营企业所有权与经营权的分离，有利于国企搞活，但由于没有触及企业的产权改革，激励机制也就没法建立，经营者普遍存在"短期行为"，这些治标不治本的方法难以在大型国企推行。在这种背景下，股份制改革思路被提出，一时间，理论界研究很热，实务界也蠢蠢欲动，一些城市迫不及待，已开始尝试。

发行飞乐股票的报纸报道

上海飞乐音响公司股票

在上海市委市政府领导亲自推动下，经过多次调研和充分准备，1984 年 11 月 14 日，经中国人民银行上海分行批准（那时没有证监会），上海飞乐音响公司向社会公众及职工发行股票：总股本 1 万股，每股面值 50 元，共拟筹集 50 万元股金，其中 35% 由法人认购，65% 向社会公众公开发行。随后，静安证券营业部又发行了延中实业股票。

上海飞乐音响公司召开成立大会之前，去工商部门注册登记，工商局中没有股

等候买飞乐股票和延中实业股票的人群

份制这个类别，当时登记表格上只有三种选择：国营、集体和私营。飞乐最后只好选择了"集体"。1986年初，飞乐进行第一次分红，每股分红35元，而后，股东自己出15元，配售一股。刚完成分红扩股，税务局稽查大队就来查账，认为分红是私分集体财产，公司领导只好写检讨，被罚款。现在回头看，都很有趣儿。

　　1986年11月，邓小平向来华访问的纽约证券交易所董事长约翰·凡尔霖赠送了一张飞乐股票（小飞乐），即刻引起了国内外新闻舆论的极大兴趣。《朝日新闻》发表整版评论，声称中国企业行将全面推行股份制，中国经济终将走向市场化。毫无疑问，这张股票意义重大，它在全世界面前确立了中国市场化改革的新形象，对后来大规模吸引外资外商都有积极影响。

　　但这两只股票轰轰烈烈发行后，就没啥动静了。很多人投资股票，原本就是想等股票价格涨到一定程度，卖出去牟利，还有的人因为临时急需用钱，想把手中股票卖出变现，却发现办不到，没有途径出售。于是，私下股票转让开始了，但没有合法的地方登记确权，交易双方都有风险。

交易流通是股票资产的天然属性，流通就需要有交易场所，要有一套规则和服务体系，这其实就是需要成立证券交易所。当时上海信托投资公司静安分公司副经理胡瑞荃意识到这个问题，曾先后3次向市政府递交报告，申请建立股票转让买卖的交易部，但一直没有得到回复。

1986年8月5日[1]，胡瑞荃去市里参加会议，向时任上海市市长江泽民同志汇报股票交易情况，汇报时胡瑞荃用了一个形象的比喻："股民有了股票，就像有了女儿要出嫁，有了儿子要结婚一样，不婚不嫁会带来矛盾。因此光有一级市场发行股票不行，一定要有二级市场转让才行，股票的生命力在于流通，不会产生很大投机。我们已经3次打报告给有关部门了。"江泽民认真听着，随即问有关部门是否收到此报告，要求立即落实此事。没过几天，静安证券营业部试行股票交易的报告就批准了。

静安证券营业部柜台交易现场

1986年9月26日，中国

---

1 同日，沈阳信托投资公司开办了第一家证券交易市场，沈阳由于国企众多，经营负担重，急需改革破题，因此对搞股票市场很积极，但后来因为各种因素没有成功，但其改革敢闯敢试的精神还是值得肯定的。

工商银行上海市分行信托投资公司静安证券营业部开业，以挂牌方式代理买卖飞乐音响和延中实业两只股票，实现现金交易，按成交金额收取 3% 的代理手续费，这是我国第一家证券柜台交易点。

延中实业股民第一次领取股息

静安证券营业部开业后，上海当地的《文汇报》《解放日报》《新民晚报》给予了及时报道，中央级的报纸只有《中国日报》（英文版）和《中国法制报》及时报道。美国之音当天予以报道。到 1986 年底，就先后有 80 多批 300 多位外宾来访，英国 BBC、日本 NHK、美国环球电视台、法国电视台等都来此采访报道，他们都称这是中国上海证券交易所。

静安证券营业部现在看不过是一个小小的柜台交易场所，但其蕴含的能量和代表的意义却非常重大，这是中国资本市场大发展的前夜，这是一步"低调但却大胆"的探索。在那个时代，探索者需要承受巨大的压力。据说，营业部开业第二天，胡瑞荃就接到一个匿名电话，质问他想干什么。此外有人还写匿名信，指责静安证券营业部开业是想搞资本主义，是在鼓励人们不劳而获，在搞证券投机。可见，当时人们的思想观念还留有很多计划经济思维。

静安证券营业部，开创了新中国股票交易的先河。静安证券营业部陆续代理发行并开始交易六只股票，真空电子、飞乐股份、爱使电子、上海申华、豫园商城、凤凰化工，与前边发行的飞乐音响、延中实业合在一起，史称"老八股"，"老八股"是上海证券交易所开业之前已经发行并有交易的八种股票。1990年成立的上海证券交易所，就是在静安证券营业部打下的基础之上建立起来的，没有静安证券营业部"老八股"的柜台交易实践，凭空直接成立证券交易所几乎是不可能的，会增加改革失败的风险。因此，说静安证券营业部是上海证券交易所的前身，一点也不为过。

（三）上海证券交易所终于诞生

上海市很早就提出开发浦东，要开发浦东，开发预算就是数千亿元，中央只能给政策支持，对于上海而言，单靠自己解决，根本就是天文数字。这时，证券交易所研究设计联合办公室的总干事宫著铭给时任上海市委书记、市长的朱镕基同志写了一封信，大致内容是说，要想开发浦东，就要借助全国的资金力量，最好的办法就是建立一个证券交易所，这引起了朱镕基同志的重视。

1989年12月2日，朱镕基同志就如何深化上海金融体制改革的问题召开了市委常委扩大会议。他说，他来上海之后，一直在抓财政，但收效不大。他认为要调整部署，从金融改革抓起，而建立证券交易所是其中关键的一环。

在朱镕基的亲自督促下，1990年12月19日，经过多方推动与努力，上海证券交易所（后简称"上交所"）在静安证券营业部的"老八股"基础之上，正式挂牌成立，这是上海也是全国改革开放中的一件历史性大事，也是中国坚定不移走向市场经济的必然选择。

上交所自创立以来，规模持续扩大。经过 30 余年的快速成长，已发展成为拥有股票、债券、基金、衍生品 4 大类证券交易品种的证券交易所，上海证券市场的规模和投资者群体也在迅速壮大。截至 2022 年 12 月 15 日，共有 2 160 家企业先后在上交所上市，上市企业在全国 31 个省份均有分布。德勤中国 2022 年 12 月 14 日发布《中国内地及香港 IPO 市场 2022 年回顾与 2023 年前景展望》报告称，按照已公布的 2022 年全球各交易所 IPO 融资额，上交所位列第一，深交所第二，港交所第四。

上海证券交易所大楼

　　邓小平同志说："世界上的事情都是干出来的，不干，半点马克思主义都没有。"空谈误国，实干兴邦。对于改革开放事业，我们要立足于"干"字，踏实干，必须有担当精神；要勇于担难、担险、承担后果，要大胆地试、大胆地闯。从静安证券营业部到上交所，都是这样实干出来的。新中国的证券历史，一定要记住静安证券营业部，记住胡瑞荃、吴毓明这些人敢闯敢试的改革精神，当然，也不能忘记江泽民、朱镕基等领导的大胆决策和积极推动。

　　我 2000 年夏天来上海不久，去上海申银万国证券公司投资银行总部去实习，在投行三部，有幸认识了三部经理吴毓明。整理撰写这篇文章时，我请教过吴老师，请她讲了一下静安证券营业部的历史，吴老师提供了几张珍贵的照片，我已经放在文中，在此表示感谢。

整理撰稿：杨涤

二十四、振华重工（1992 年）：邓小平南方谈话催生的创业

有一个行业，它的重要性比肩芯片行业，具有极高的技术壁垒，是国家的重要产业支柱，它就是港口集装箱起重机（后简称"港机"），业内叫岸桥，又称吊桥，俗称龙门吊，是专门用于集装箱码头对集装箱船进行装卸作业的专业设备。另外，大型船舶包括航空母舰的制造也需要龙门吊。

世界上能制造出大型龙门吊的企业非常少，这种技术只掌握在个别国家中，而能制造出高质量大型龙门吊的企业，更是屈指可数。但中国有一家企业，仅仅成立几年就迅速崛起，占据了国际大型龙门吊市场的 80% 份额，几乎形成了垄断，它就是振华重工。

（一）奥巴马呼吁"美国制造"时，"中国制造"现身

2013 年 3 月 29 日，为鼓励"美国制造"，美国时任总统奥巴马在迈阿密港口的码头上发表了热情洋溢的演讲，在演讲中，

他慷慨激昂地呼吁美国民众要使用"美国制造"，以此来振兴美国制造业。这时候，在奥巴马演讲的后方龙门吊上，附挂的美国国旗被一阵风吹起，露出了四个大写字母：ZPMC（振华重工的英文缩写），这真是"恼人的秋风"，啪啪打脸。当时美媒禁不住批评道，白宫的做法无异于掩耳盗铃、自欺欺人。

振华重工几乎垄断了欧美市场，不仅美国在用振华重工的港机来制造航空母舰，英国、俄罗斯、印度、巴西也在使用。这家企业把产品卖给了全球 95 个国家，多年稳居世界行业第一，是实至名归的"港机之王"！

（二）邓小平南方谈话，催生"港机之王"的诞生

"大众创业、万众创新"，可以说是当下中国很时髦的一句话。可是，创业这件事要是放在 20 世纪 90 年代，那是需要相当勇气的。尤其是在体制内工作的人，放弃铁饭碗下海创业更不容易。

1978 年，中国实施改革开放后，对外贸易迅速发展，工业制成品成为中国主要的出口商品。1978—1991 年，进出口总额由 206.4 亿美元增长到 1 356.3 亿美元，其中出口由 97.5 亿美元增长到 718.4 亿美元，进口由 108.9 亿美元增长到 637.9 亿美元，年均增速分别达到 16.6% 和 14.6%。货物进出口的迅猛增长，导致港口相关设备的巨大需求。简单地说，货物要装集装箱，集装箱要吊装到货轮上或从货轮上吊转下来，就必须用到港机，也就是所谓的龙门吊。可在 20 世纪 90 年代，中国在这个

行业几乎是空白，全球 95% 的市场都被日、德、韩三国的公司占领，很多国内港口企业只能去购买国外设备。

对于港机设备十分落后的问题，时任中港总公司船机处处长的管彤贤有切身体会。因为当他带队去购买外国港机设备时，对方脸上挂着傲慢，根本看不起他们，这让管彤贤心里憋了一口气，但暂时又没有办法，中国的港机产业落后现状摆在那里，让人无可奈何。

1992 年，邓小平发表南方谈话。他明确地指出：贫穷不是社会主义，社会主义可以有市场。邓小平的讲话，解放了全社会的思想，使得当时的社会气氛发生了很大改变，很多有头脑的人不再迷恋铁饭碗，跃跃欲试想"下海"创业。这一年，国家体改委颁布了《有限责任公司暂行条例》《股份有限公司暂行条例》。这一年，党的十四大决定抓住机遇加快发展，确立了建立市场经济体制的改革目标。

很多体制内的人都跃跃欲试。据统计，1992 年，全国至少有 10 万名党政机关干部、研究机构学者辞职"下海"，辞职而投身商海者超过 1 000 万人。据当时的媒体描述，1992 年的春夏之交，全国 100 多万名官员造访深圳。深圳市政府接待办最多时曾同时迎接来 60 批考察团。据一个创业者回忆，当时选择出去创业，并没有什么当大老板发财的想法，就觉得这是国家需要，搞市场经济应该行动起来，不应该再像以前那样坐在办公室里搞什么方案。

一大批体制内的人，投身于创业的活动，加入市场经济的洪

流。管彤贤就是其中之一，他也是在 1992 年决定"下海"创业
的。这一年他已经 59 岁，只差 1 年就可以退休安享晚年，而他
却选择出来创业，这是非常需要魄力和勇气的。

凭着中国交通建设集团 50 万美元的出资、上海港机厂作价
50 万美元的一块地皮，以及十几个人的团队，管彤贤在上海租
了一家小办公间，成立了振华重工港机公司。在公司成立伊始，
他就大胆提出："世界上凡是有集装箱作业的港口，就要有振华
重工港机的产品！"之所以取名"振华重工"，就是因为管彤贤
想振兴中国的港机产业。

管彤贤团队先从模仿国外产品开始，他们购买一些二手货，
然后全部拆解进行研究，从而积累经验与技术。这种"逆向分
解"在当时技术一穷二白的时候也是迫不得已，因为技术开发不
能闭门造车，从零开始也没有必要，采取拿来主义，先学习消化
再改造创新，这反而体现了后发优势，也几乎是"中国制造"起
步阶段的普遍现象。

当然，因为技术难度大，振华重工起初也不可能完全模仿的
了，很多零件都做不好。为了保证产品质量，振华重工做不太好
的关键配套零件，全部采用世界名牌产品。无形当中，振华重工
走上了打造全球化产业链供应链的道路，所以，从最开始振华重
工就有全球企业范儿。

成立之初，为了招揽肯吃苦、愿意投身制造业的人才，振华
重工对外招聘"三不讲"：不讲学历、不讲年龄、不讲资历，只
论能力。这种人才招聘方式取得了很好的效果，振华重工一年

就招到 200 多名中专生。港机制造与图纸生产，都有大量事务性工作，这帮中专生一边干一边学，其中的许多人后来成长非常快，成为企业技术骨干。

开店容易开张难，产品要有订单，企业才能生存。这第一单生意在哪里呢？在当时中国进出口贸易蒸蒸日上的形势下，管彤贤几乎是毫不犹豫把目光瞄在了海外港口。1992 年，加拿大温哥华港招标港机供应商，管彤贤瞄准机会出手，为打开市场销路，决定振华重工先不要以"赚钱"为目标，而是让欧美人先用用看，生意在后头。最后，振华重工以低于对手 30% 的价格和运费自费的条件成功中标。

这第一单生意事关重大，质量至关重要，港机行业圈子很小，一旦搞砸质量，后期很难再挽回口碑。因此，中标后，管彤贤亲自带领员工立即投入连日奋战，精益求精，凭着一丝不苟的工匠精神和严格的质量把控，振华重工像制作工艺品一样制造出了第一台起重机并按时交付。第一单生意并没有为振华重工带来多少利润，但为振华重工赢得了加拿大采购方的赞誉，振华重工开始崭露头角。

一年后，温哥华再次向振华重工下单。两年后，振华重工因产品技术新、质量好、价格公道、售后服务周到，在美国旗开得胜，获得了迈阿密港一次性 4 台产品的订单。此后，在港机的各个竞标会上，都可以看到振华重工的身影。从 1998 年至今，振华重工的岸桥产品已经连续 25 年保持全球市场占有率第一，成为全球同行公认的排头兵，切实提高了我国机械制造业的国际地位和声誉。

今天回头看，没有中国融入世界经济大循环以及全球外贸20多年大发展，就没有振华重工的乘势崛起，但是，要是没有管彤贤这样的领军人物审时度势，把握机遇，也不可能有振华重工，所谓英雄顺时势，时势造英雄，此之谓也。

（三）直面美国客户刁难和阻击，独立自主研发数十项自主知识产权的顶尖技术

前文说到振华重工获得了美国迈阿密港的订单。可就在这次交易过程中，振华重工遇到了巨大的刁难和阻击。对方竟然把振华重工告上了法庭，说振华重工在美国没有许可执照，最后振华重工被罚款 50 万美元。然而，事情还没有完，对方提出苛刻条件，要求港机必须整体运送过来，不能到了再进行组装。港机一般都是有二三十层楼高的巨大设备，想要一次性运输，难度极大。当时放眼全球，只有荷兰一家运输公司有这样的能力。

管彤贤找到荷兰航运公司，但对方不仅态度傲慢，还坐地起价，要求 150 万美元运输费，甚至附加一条：不能保证准时运到。一旦不能准时运到，可以预见美方肯定又会索赔，麻烦会接踵而来。被逼无奈，同时也是内心憋了一口气，管彤贤决定自己解决这个运输问题。他已经看够了洋人的傲慢，不想再受制于洋人。

管彤贤团队决定采取老办法，买来一条旧船，经过一番深入研究和设计，终于把它改造成"振华重工一号"运输船。荷兰公司知道振华重工自己造船后，慌了神，他们以侵犯专利为由把振

华重工告上了国际法庭。在法庭上，振华重工义正词严地说："全世界的车子都是四个轮子，一个方向盘，凭什么说我们侵权？"美国法官听完也觉得有理，最终振华重工赢得了官司的胜利。

因为有订单支撑的现金流，振华重工筹措资金不成问题，他们一鼓作气，改造了20多艘运输船，这样振华重工不仅能制造港机，还能自己运输，成为全球唯一"能造、能运"的港机制造商。振华重工迅速崛起，仅用6年就拿下了全球市场份额的25%，成为港口集装箱重型机械行业的老大。事后管彤贤不无感慨说："这些道路都是被逼出来的，西方卡我们脖子，只好自己闯。"

尽管企业订单越来越多，但管彤贤对于提升技术方面，从来不敢懈怠。他确立了"产品创新"的路径，每年拿出生产收入的5%投入到产品创新中。在振华重工1 500名管理人员中，有600名是科研人员，硕士学历和高级工程师都各达100多人。他与200多个高等院校和科研机构密切合作，一起攻克技术难题。这一系列举动取得了很明显的效果，截至2020年振华重工已成功申请231项专利，手握数十项具有自主知识产权的世界顶尖技术。

振华重工发展至今，早已不再靠低价取胜。有一次荷兰鹿特丹港竞标，奥地利一家公司的报价比振华重工港机低5%—10%，但对方还是选择价格更高的振华重工。这就是源于对振华重工技术的信任。举个例子，振华重工首创精度高达15毫米的GPS技术集装箱起重机，能让站在8层楼高的龙门吊司机，在只有1平方米的空间里轻松操作塔吊。振华重工凭借自主研发的产品优势，成功地拿下了全球港机市场制造的 80% 份额，甚至对欧美市场的占有率高达 90% 以上。如今，振华重工产品已经进入全球 95 个国家和地区的 230 余个码头，其中包括"一带一路"沿线的 47 个国家和地区。

（四）从"制造"走向"智造"，振华重工打造全产业链

当前国内外经济形势发生巨大变化，振华重工在保持原有优势的同时，积极拓展新领域，拉长产业链，打造了海工、钢构、系统总承包等八大产业，逐步整合强大的钢结构制造能力、整机远洋运输能力和高端设计研发能力，构建出强大的全产业链运营能力。

据了解，由振华重工提供几乎所有单机设备的全自动码头已经成功在荷兰鹿特丹、美国长滩岛、英国利物浦等知名港口交付使用。全自动码头也正在青岛港、上海洋山港使用。全自动化码

青岛自动化码头

英国利物浦皮尔港自动化码头设备

头装卸系统由中央控制室计算机控制，真正实现了堆场无人化作业，不仅降低了码头用工成本，还提高了安全作业水平和产能。经测算，全自动化码头将比传统码头节能25%以上，减少碳排放16%以上。振华重工由此逐步实现了从卖产品向卖系统的升级。

振华重工总部设在上海，在上海本地和南通、江阴等地设有8个生产基地，是全国也是全球最大的重型装备制造厂。在管彤贤带领下，6年公司做到世界500强，世界港机市场占有率第一，被称为制造业的天花板，在东亚地区，至少90%的港口使用的港机是振华重工。

整理撰稿：杨涤

二十五、杨浦大桥（1993 年）："披婚纱的杨浦新娘"

现在，上海黄浦江上一共有 13 座越江大桥。1993 年 10 月 23 日，杨浦大桥通车运营，它是上海市区第二座跨越黄浦江的特大跨径桥梁，位于杨浦区南部。杨浦大桥在周家嘴路与内环高

杨浦大桥

架路相接，为市区内环线重要组成部分。线条流畅、动感强烈的设计造型，令杨浦大桥成为上海的一个地标。杨浦大桥先后荣获国家詹天佑奖、国家鲁班奖、国家优质工程金奖。

（一）在黄浦江上造大桥，上海人梦想了近百年

黄浦江是长江汇入东海之前的最后一条支流，也是上海市最大的河流，主要发源于上海市青浦区朱家角镇淀峰的淀山湖，流经青浦、松江、奉贤、闵行、徐汇、黄浦、虹口、杨浦、浦东新区、宝山等区，至吴淞口注入长江。黄浦江在上海境内全长113千米，河宽300—770米，是上海的重要水道，两岸荟萃了上海城市景观的精华。黄浦江是上海市居民主要生活用水及工业用水的水源，且具航运、排洪、灌溉、渔业、旅游、调节气候等综合功能。

黄浦江将上海分成浦西和浦东。因为交通不便，以及浦西浦东发展存在巨大差距，上海人有一句老话："宁要浦西一张床，不要浦东一间房。"至改革开放初期，上海经济规模逐年增大，每天过江的客流量逾百万人次，机动车流量超过2万辆次。据统计，1989年苏州河以北过江车辆占到全市过江车辆的40%，而当时过江仅有两个渡口，不堪负荷。民丹线渡口，白天候渡车队经常长达1千米以上，候渡时间甚至长达3个小时。

在黄浦江上造大桥，上海人设想了近百年，可屡屡碰壁。在市区内架桥，必须解决资金问题并具备相应的设计能力。施工不成问题，可这两个问题解决起来并不容易。

1931 年，上海地方商绅筹建了建桥机构，并与一家法国厂商草签协议，准备在董家渡建一座钢质浮船桥梁，后因当局不予资助而作罢。1945 年抗战胜利后，上海成立了越江工程委员会，由茅以升、赵祖康等著名专家主持规划，经过 3 年辛勤工作，他们完成了 3 种越江工程方案。当时的国民党政府也曾拨款 2 亿元作为规划设计经费，但因国民党忙于内战，造桥计划再次成为泡影。

（二）外交官出马拉贷款，中华儿女助力家乡建设

国内改革开放刚开始，要搞好经济建设尤其是基础设施建设尚缺大量资金，需要想方设法从各方面融资。

1991 年 3 月下旬，黄桂芬出任驻菲律宾大使不久，中国驻亚行的执董车培钦等向黄大使报告说：国内指示他向亚行提出申请，为上海兴建南浦、杨浦两座大桥项目提供贷款，但遇到了来自美国代表的阻力。

美国和日本是亚行最大股东，虽各有 15.5% 的股份和 12.75% 的投票权，但亚行通过贷款申请等事宜均采用一票否决制。只要有一个执行董事投否决票，申请就不能通过。自 1986 年 3 月中国正式成为亚行成员以来，中国的执行董事与他的前两任行长、亚行东亚局及其他国家的董事共事合作得很好。基于以上基础，黄桂芬、车培钦等人制定了稳住其他国家执董，着重做好亚行行长和美国执董工作的策略。

亚洲开发银行行长垂水公正对中国一向友好。在黄桂芬大使拜访他时，垂水行长解释说，他这个行长虽是由理事会选举产

生，但只负责主持董事会会议，管理亚行的日常工作，并无实权，不能左右各国政府委任的执董的行动。他说他和日本执董深知中国造桥修路需要大量资金，亚行贷款是必要的，但"阻力不在我们方面"。

黄桂芬大使经过一番努力，终于约到了由时任美国总统克林顿委任、经参议院确认的大使兼任亚行女执董杨曹文梅女士（曾任美国外交关系理事会成员，其丈夫为杨安慈教授）。见面时，黄桂芬大使看到杨曹文梅女士虽已67岁，却神采奕奕，思维敏捷。

杨曹文梅女士生于上海苏州河畔祖母家的祖屋。她1945年毕业于上海圣约翰大学，20岁只身赴美留学，在纽约哥伦比亚商学院取得经济学哲学硕士学位。1993—1999年出任亚行美国执行董事，是美国派驻海外的第一位亚裔女性大使。当时，她离开上海已40年了，很思念家乡。她对黄桂芬说："我很佩服邓小平先生，他提出中国要改革开放，真了不起！"作为美籍华人，她说："我希望美国好，也希望中国好！"这就给黄桂芬大使与她进一步沟通创立了条件。

黄桂芬大使向杨曹文梅女士介绍说，多数去浦东办事的人要在浦西排长队才能乘轮渡过江，很不方便。上海市人民政府决心开发浦东，需要坚实的基础设施，但一时拿不出那么多资金来造桥修路。一旦上海南浦、杨浦两座跨江大桥建成，浦东大开发大发展就会带动整个上海和周边江浙地区经济，同世界各国包括欧美联系会更加紧密，上海老百姓也可以从中受益，过上小康生活。修桥造路为民惠民，也是造福子孙后代的好事。

杨曹文梅说：美国方面认为在上海修桥满足不了人们的基本需要，因此不赞成亚行向中国提供贷款。但她听了黄桂芬一番话后，表示关于中国贷款的事，她会再好好想一想怎么办。几天后，她给黄桂芬打电话说："前几天，咱们讨论的那件事（指中国向亚行申请贷款事），我已及时报告并尽力了。我们肯定不会投反对票，请黄大使放心！"

最后，我国申请的南浦、杨浦两座大桥贷款项目以美方投弃权票的方式得以通过，成为亚行在中国开展的第一个联合融资项目。

20世纪80年代末，与上海一别30多年的杨曹文梅回到故乡，受到了热烈的欢迎。她旧地重游，对上海旧貌换新颜、取得翻天覆地的变化大为惊讶，感慨万千。看到邓小平亲笔题写桥名的"南浦大桥""杨浦大桥"，更是格外兴奋！她欣慰地说：这两座大桥把上海浦西、浦东完全连了起来，也推动了很多跨国公司到浦东投资。

杨曹文梅对上海怀有特别的感情。但凡出席国际会议、重大论坛，她发表演讲只说上海话。有人置疑，她便回复说："因为上海是我的家乡，上海话是我的家乡话，我不会忘本。"2016年国庆节前夕，当杨曹文梅从时任市长杨雄手中接过"上海市荣誉市民"的证书时，老人用一句软糯又标准的上海话向市长道了声"谢谢"。那一年，老人家90岁。

现在中国经过几十年的发展，已经不缺少资金了，外汇储备一直维持在3万亿美元以上的水平。但在浦东刚刚开发、国内资金匮乏之际，能争取到亚行那些资金帮助，无疑是雪中送炭，绝渡逢舟，暗室逢灯，急人之困。总之，杨曹文梅为家乡上海，为中国的发展做出了重大贡献。

（三）完全靠自主技术建造，邓小平亲自题写桥名

从 20 世纪 70 年代起，斜拉索桥就被广泛应用于国际公路桥梁的建造中，但由于这种设计计算极为复杂，还有对建桥材料选择十分苛刻，让人望而却步。

当时，杨浦大桥的设计有三个方案可供选择：第一个方案是照搬南浦大桥的设计，跨度 423 米，这是一个现成的方案，但一个桥墩将落在黄浦江中；第二个方案是将一个桥墩紧靠岸边放置，这样跨度将可以达到 580 米，但岸边地基十分复杂；第三个方案是两个桥墩都在岸上，跨度 602 米，这是当时世界第一的跨度。

上海面临的选择是，要么单纯求稳，采用第一个方案；要么争创一流水平，采用第三个方案，但要承担巨大的风险。最后，上海下了决心，义无反顾地选择了风险较大但最为合理的跨度 602 米造桥方案。

杨浦大桥由上海市政工程设计院、上海城建设计院、同

杨浦大桥"宛如披婚纱的新娘"

济大学建筑设计研究院、上海城建学院设计所、上海民用建筑设计院五个单位负责总图、主桥、引桥等全部项目的设计，由有建造南浦大桥丰富经验的黄浦江大桥工程建设指挥部承建。

1991年5月1日，杨浦大桥打桩施工。1992年4月，主塔封顶。同年7月1日，开始主桥安装。1993年4月8日，主桥合龙。8月，全桥贯通。10月23日，全面建成通车。桥面、引桥、地面配套工程和环境整治工作，基本同步完工。雄伟的工程，飞快的速度，创造了世界一流的水平。与南浦大桥相比，杨浦大桥规模要大42%，造价增加了50%。

如果说南浦大桥的建成通车，实现了黄浦江上海市区段上"零"的突破，那么杨浦大桥的建成则使我国的斜拉桥设计建造能力一举领先于国际桥梁界，奠定了我国在国际桥梁界的地位。

邓小平亲自为大桥题写了桥名。1993年12月13日，当90岁高龄的邓小平登上建成通车后的杨浦大桥时，他高兴地说："喜看今日路，胜读百年书。"

当你无论是坐公交车，还是自驾车，要过杨浦大桥的时候，远远地望去，白色的斜拉索在阳光下十分引人瞩目，大桥宛如一个"披着洁白婚纱的新娘"，这就是我每次路过的感觉。杨浦大桥是上海发展的一个见证，更是爱祖国、爱家乡、中华儿女同根生，血浓于水的深情故事。

整理撰稿：杨涤

二十六、复星集团（1994年）：大学老师辞职创业的典范

据财务报表显示，截至2021年年末，复星集团总资产为8064亿元，年营收达1612亿元，年净利润为100.9亿元，已成为一家横跨珠宝时尚、餐饮、食品、酒业、医疗健康、房地产、文旅、金融、钢铁等领域的多元化产业集团。

复星集团可以说是改革开放以来"大众创业，万众创新"的一个成功典型。而作为复兴集团最重要的创始人郭广昌，以3.8万元起家，更是被众多媒体誉为"中国的巴菲特"。

（一）浙江的寒门学子考上了复旦大学

1967年，郭广昌出生在浙江的一个农村。父亲是石匠，母亲是农妇，家庭条件十分有限。但他的父母始终相信一点：知识可以改变命运，即便自己再苦再难，也要供孩子上学。郭广昌也不负家里厚望，从小就是班里有名的学霸。功夫不负有心人，1985年他从东阳中学考到了复旦大学，成为东阳横店第一个考

入名校的骄子。

郭广昌当时的高考分数完全可以去清华读理工科，可是他最后却选择了复旦大学的哲学系。他自己回忆："当年在考大学时，我觉得国家要有更加伟大的未来，一定要坚持改革开放的道路。而改革开放，首先是要解放思想。如果未来我能为解放思想做出贡献，那我就会是一个对国家、对社会有价值的人。抱着这样的想法，我非常认真地将复旦哲学系作为了大学专业的第一选择。"

1989 年，由于出众的管理和组织能力，22 岁的郭广昌在大学毕业后，留校在团委做老师。从一个农村娃变成大都市的高校老师，一个月的薪资是 500 元，郭广昌已经是世俗人眼中的人生赢家。要知道，在那个时代，能够领到几百块的收入已经称得上是人中龙凤了，工作稳定、清闲，也算有一定社会地位。20世纪 90 年代，中国出国的人越来越多，看到身边不少人出国留学，郭广昌也曾一度动心，他开始准备英语考试，还从亲友那里凑了数万元，跃跃欲试准备出国，只是形势比人强，随后邓小平南方谈话，中国启动市场经济进程，时代的机遇降临了！

（二）靠知识赚来第一个 100 万元

1992 年，邓小平发表了重要讲话，掀起了"下海"创业的热潮。受其影响，郭广昌也开始有了下海创业的冲动，复旦大学团委办公室的另一位老师梁信军与他有同样境遇和感受。两人一起带学生去浙江某企业实践考察时，更是被社会上的创业氛围深深触动，回来便开始商量"下海"事宜。据说，两人当时先斩后奏，一开始并没有告诉父母，毕竟那个时代没有几个人能理解他们放弃复旦大学这个"铁饭碗"的行为。

在经过深思熟虑后，他们两个一起从复旦团委辞职，凑了3.8万元，开了一家以两人名字命名的"广信科技咨询公司"，广信科技虽然挂着"科技"二字，但其实就是个"皮包公司"，全部资产就是一台386电脑和一辆二八大杠自行车。

万事开头难，郭广昌和梁信军每天骑着自行车，在全上海跑业务。他们的运气还不错，正逢当时的日本元祖零食进军上海，想找一家上海本地的公司帮忙做市场规划，为了抓住这次机会，郭广昌两人使出了全身解数。两人在大学时的社会实践调查经历在填资料介绍公司团队经验时发挥了积极作用。另外，他们准备投标材料很用心，考虑到元祖管理者是台湾同胞，习惯于竖排、繁体字以及从右往左阅读，他们便把证明资料转换成繁体字并重新排版。他们的精心设计通过了元祖食品的资质审查。随后，在竞标答辩阶段，不同于其他对手的夸夸其谈，他们整理出一套详细的市场调研方案，最终拿下了招标。

为了做好这份方案，郭广昌和梁信军白天在上海街头到处散发调查问卷，晚上则回去加班做统计分析。其间，他们还因为酷似发小广告的"无业游民"，被街道治安巡逻扣下问话。在调查上万个样本后，广信制作出了一份精美的市场调研方案，在方案最后，他们给出市场策略："月饼的食用价值正逐渐被送礼价值取代，可以将月饼的包装设计得更华丽，让送礼更体面。"这让元祖十分惊喜和认可，元祖找到了打开中国大陆市场的方向。最后方案正式交付时，元祖在 28 万元的基础上，又多给了 2 万元酬金。

凭着这个案子的口碑，广信又陆续签下太阳神、乐凯胶卷、天使冰王等公司的调研合同。创业仅 10 个月，郭广昌和梁信军便赚到了人生第一个 100 万元。

（三）靠精准营销赚到第一个 1 000 万元

郭广昌和梁信军创业仅仅不到一年就赚了 100 万元，在 20世纪 90 年代，普通人的工资也就几百块钱，"万元户"都很少见，更不用说"百万富翁"了。这要是没点素质，恐怕就要堕落；或没有追求，就小富即安了。可郭广昌却有更大的志向，他经过思考与分析，认为做咨询行业没有太大的前途，咨询就是中介服务，充其量也就是给其他行业作嫁衣，咨询不明白，赚不到钱；咨询再明白，也是看别人赚大钱。中国大地那时候百废待兴却蕴含着勃勃生机，为什么不能自己创业当老板呢？

郭广昌蠢蠢欲动，想做实体产品。他不顾梁信军的反对，尝试了一款叫"咕咚糖"的保健食品。不过做咨询和做产品是两码事，他很快就把做咨询赚的钱赔了一大半。不得已，郭广昌还是回到咨询行业。他发现当时上海有一些楼盘滞销，很多房地产公司也不太懂得推广营销，这里面有赚钱的机会。于是，广信与房地产公司签订合同，开始做起了房产销售中介业务。

广信接手卖的是上海郊区一处专为"留学家庭"设计的滞销楼盘，这个小区虽然建设不错，但交通不便，加上宣传不力，卖了几年都没卖出去几套。不过这可难不倒精明的郭广昌。这次他并没有满大街撒广告单，经过分析，他认为这个楼盘需要有一点经济实力的人群。当时，能出国留学的家庭多少都有点经济实力，于是他将楼盘信息精准投送到沪上留学家庭的信箱。很快，拿着楼盘广告的客户纷至沓来。房子卖了，大比例提成兑现，凭借这招"精准营销"，广信赚到了第一个 1 000 万元。

从"百万富翁"到"千万富翁"，郭广昌和梁信军已实现了财富自由。可对于广信而言，业务还是中介，中介业务有依赖性，依托于其他更大的业务。广信要做大，就要从事实体经济，这也正是郭广昌的志向。

（四）靠把握国家发展大势和高科技，打造出一家上市公司

1993 年年底，在一个饭局上，郭广昌听到几位专业人士在谈论生物制药，虽然听不太懂，但他认为这个领域肯定有市场前景。在梁信军的介绍下，复旦大学遗传工程系的汪群斌、范伟和计算机科学系的谈剑加盟到公司中来，他们决定在生物医药领域大干一番。为此，他们还把公司的名字由"广信"改为"复星"，有复旦明日之星的寓意。

经过市场调研和反复论证，复星的第一个生物医学项目是"乙型肝炎诊断试剂研制"。复旦的背景帮助他们聚合了技术资源，依托复旦生命科学院的科研支持，复星开始投资兴建生产基地。一年后，这款 PCR 乙型肝炎诊断试剂便横空出世并顺利通

复星医药

过有关部门的检测。

有了好的产品，还要有好的销路。市场虽然大，不主动营销，份额未必会落到复兴头上。为了打开产品销路，郭广昌和汪群斌通宵坐着绿皮火车的硬座，满中国去推销。功夫不负有心人，最后，复星凭借这款诊断试剂足足赚了一个多亿元。其间，"复星实业"更名为"复星医药"，成为上海生物医药领域的第一家民营高科技公司。

到了1998年，复星作为上海市大学生高科技创业的典范，拿到了那年民营企业唯一的IPO资格，在上交所成功上市，并募集到3.5亿元的资金。31岁的郭广昌，收获了人生中第一家上市公司"复星医药"。

（五）靠商业头脑形成复星集团，进行全球扩张

在复星医药上市后，郭广昌不仅单独成立复地集团，进军

房地产开发业务，还抓住时代红利，参与了大批国企的混合制改革：

2001—2002 年，复星累计投资 3.5 亿收购了"老八股"之一的豫园商城 20.1% 的股权，后者是一家涉足黄金珠宝、餐饮、医药、工艺品、百货、食品、旅游、房地产、金融和进出口贸易等产业为一身的综合商业实体。

2002—2003 年，复星累计投资宁波建龙钢铁达 12 亿元；2003 年，复星以 5 亿元现金占股 49% 与国药集团联合成立国药控股，成为国内首家央企与民营企业联合成立的混合所有制企业，并在 2009 年将其成功送上了港交所，成为自 2000 年以来全球医药行业最大规模的 IPO。

2003—2004 年，复星又联合豫园商城成立了德邦证券，投资达 5 亿元，正式跨界到金融领域。2004 年，复星联合豫园股份共同出资 4 亿元，与山东招金集团合作，创建了招金矿业。

截至 2004 年，复星集团已控股四家上市公司，并间接参股多家公司，总资产达 331 亿元，一个以房地产、医药、钢铁、零售为核心的"复星系"集团初具雏形。

随后的岁月，郭广昌便把目光放到了全球。除了和国际资本联合成立私募基金以外，复星还进入了国际保险业。截至目前，复星旗下已有复星保德信、鼎睿再保险、复星葡萄牙保险、复星联合健康保险等保险公司，由一家投资控股集团，变成一个为全球 10 亿家庭客户提供高品质产品和服务的全球家庭消费产业集团。

从农村娃到大学老师，再到上市公司老板、亿万富翁，郭广昌的经历可谓是传奇。但他用自己的实际行动告诉了我们一点：出生寒门根本不可怕，只要有知识，有志向，敢闯敢干，在祖国的大地上，就有机会成就一番事业。

整理撰稿：王建

二十七、携程（1999 年）：你的旅行，说走就走

现在你出差、出国或旅行度假，除了去线下旅行社订旅行团或去机场订机票，还可以打开智能手机，点开一款叫"携程旅行"的软件，里面机票、火车票、酒店、景区门票、租车等服务，几乎应有尽有。

2000 年前后，互联网浪潮兴起，给各行各业带来"颠覆"性改变，很多著名的互联网公司都在那时候拔地而起：马云在杭州创办了阿里巴巴，个体书商李国庆和他的海归妻子俞渝联手创办了当当网，更年轻的陈天桥则用 50 万元创办了盛大游戏，而第一次互联网浪潮中诞生的新浪则完成了上市……携程也借此东风，横空出世。

（一）君子相契谋创业：上海交大校友把握住了互联网机遇

1999 年的某一天，上海静安寺旁的一个小酒馆内，毕业于上海交大的梁建章、季琦、沈南鹏几个年轻人雄心勃勃地讨论着

如何创业。梁建章是甲骨文公司中国咨询总监，技术背景深厚；季琦则有着丰富的创业经验，擅长管理、销售。在季琦的介绍下，同为上海交大校友的沈南鹏也加入到了他们的讨论中。当时的沈南鹏，也已经在花旗银行、德意志银行和雷曼兄弟有过多年的金融行业工作经验。这几个年轻人都很喜欢旅游，他们在设计最初的商业思路时就瞄准了旅游业，想要利用互联网改造传统旅游产业，或者用互联网助力旅游业，这种想法一拍即合。

由于缺乏旅游行业的从业经验，三人都觉得有必要引进一个旅游从业者加入团队。他们想起了上海交大校友范敏。1999 年的范敏是上海旅行社总经理，曾担任上海新亚（集团）酒店管理公司副总经理，应当说已经是成功人士，当季琦向他抛出创办互联网旅游公司的计划时，范敏经过几番考量，放弃现有优越的职场位置，加入了携程的初创团队。

四人分工明确：梁建章负责公司战略确定和管理、沈南鹏负责融资、季琦负责技术，而范敏则负责具体业务以及市场。一群充满激情的年轻人开始了网站的设计开发，最初的网站以信息和社区为主，现在回过头来看，当时的网站功能过于单一，但当时，网站的设计还算是博采众长。

1999 年 5 月，携程公司在上海南丹路天文大厦正式成立。然而，旅游网站盘子很大，网站开发、内容建设、业务拓展都需要钱，很快 100 万元创业启动金就见底了。此时，季琦拉来了第一笔融资，这笔 50 万美元的融资来自 IDG 的章苏阳。章苏阳同意投资不是因为携程的计划书和商业模式，只是凭借对季琦的信任，当然也是看好这个充满梦想与激情的团队。在投资人的要求下，季琦担任首席执行官（CEO），梁建章改任首席运营官（COO）。

1999 年 10 月 28 日，携程在上海富豪环球东亚大酒店举行新闻发布会，宣布携程旅行网正式上线。同时，第一个用户也通过携程完成了第一张机票的预订。但公司运营并不顺利。到 2000 年初，携程面临的情况是：业务进展非常缓慢，盈利根本看不见曙光，50 万美元的融资很快将要花光。此时，携程四君子意识到，不能白手起家平地起楼，不能忽视旅游的专业力量和资源，不能只有互联网架构平台，一定要与实体旅游服务资源结合起来。

当时，全国已诞生近 300 家旅游网站，只有携程、艺龙等少数几家最早意识到了这一点。2000 年开始，携程从单纯提供信息服务，变成提供产品为主，信息为辅。他们确定的第一个产品是订房，并着手融资收购国内最早、当时最大的传统订房中心——现代运通。这个战略转向被认为是携程以后能获得飞速发展并奠定其行业"一哥"地位的关键一步。有了这种业内资源作为支撑，随后软银领投的 450 万美元汇入了携程的账户。

携程的计划正好遭遇 2000 年汹涌来袭的互联网寒潮。不过，团队沉下心来做好基础，按照各自分工埋头工作，2001 年 3 月，携程已经成为国内最大的酒店分销商，10 月宣布盈利。2002 年 3 月，携程迈出了关键性的第二步：收购北京海岸机票业务，并于 10 月建成中国最大的机票预订中心。携程随即经过团队的深思熟虑，着手扩建后来被称为亚洲第一的呼叫中心。从那时起，标准化服务的呼叫中心被作为携程的核心竞争力来打造。

2003 年，非典来袭，全国旅游市场一片冷清，携程呼叫中心的 1 000 多名员工被全数保留。正是这批生力军，使得携程在非典结束后强力反弹的市场中攻城略地。2003 年 12 月 9 日，携程在纳斯达克上市，成为中国互联网寒冬后海外上市的第一家中国企业。

（二）一诺千金树口碑：携程非常重视服务细节和客户体验

和普通的草根阶层创业不一样，携程团队成员普遍都有良好的教育背景和职场阅历，整体素质很高，因此他们考量问题往往很全面，也很细致。自创立以后，携程始终秉承以客户为中心的服务理念，坚持服务"一应俱全、一丝不苟、一诺千金"。在

携程线下实体店

接下来的几年来，携程团队非常注意客户保障机制建设，2005年成立"重大自然灾害旅游体验保障基金"，2008年斥资1 000万元人民币设立"诚信服务先行赔付基金"，切实维护携程会员利益。

有个故事，可以说明携程的服务诚信：某年五一过后，酒店进入预订旺季，满房情况时有发生。一天，一位客户电话投诉：酒店前台因找不到预订信息，不允许其入驻，其滞留在酒店外等候很长时间也解决不了问题。接到投诉后，携程酒店事业部首先联系酒店负责人，让客户进入酒店内休息等候，再核实原因。在了解到是因为酒店无法联系到客人，单方面取消了订单而客户却不知道，并且当天酒店已满房无法安排客户入住的情况后，事业部启动应急方案，最终帮助客户在携程的合作伙伴酒店安排了房间。客户成功入住后，携程的服务并没有万事大吉。根据携程的"到店无房，赔偿首晚"的公开承诺，事业部员工主动告知客户，携程赔偿首晚房费，这令客户既惊讶又感动，本来是一次令人不悦的经历，最终变成客户对携程服务"一诺千金"的认可，这等于把携程服务在客户心里种了草，扎了根。

2006年春节，香港迪士尼发生拒客风波。携程对外宣布，对于预订携程香港迪士尼春节度假产品而未能入园的客人全额退费。携程也因此成为内地第一家全额退付旅游款的旅行服务公司，按以往业内惯例只退还迪士尼相关费用。

2006年底，携程在国内首推"海外团队游标准"，对于携程海外团队游产品的各类细节作出近乎苛刻的限定，以自戴"紧箍咒"的方式提高海外游产品品质。

在携程，有超过一半的员工在客服相关岗位工作，携程的客服中心不分节假日全年 24 小时无休。尽管有"专家"曾质疑这是一种"高人力成本"模式，不利于平台企业发展，但"重仓客服"保证了 95% 以上的客户问询能在 20 秒内得到快速响应。为追求更高品质的服务体验，携程在客户响应上做到了极致。

在携程官网上记载着这样两则故事。一则是客户临时预订当晚上海飞南非约翰内斯堡的机票，由于已经是下午 4 点，航班选择非常有限，携程商旅事业部在第一时间核实各类信息紧急出票，并细心为客户订好去机场的出租车。因担心客户转机遇到问题，主动加班到半夜，联系航空柜台和转机机场直到客户顺利转机才下班，得到客户的表扬和感谢。

另一则故事是携程接到国际投诉，一个环节疏漏导致客户无法乘坐原航班回国，按照客户要求当天回程升舱的差价达 20 000 多元人民币，而且客户当天回去会非常疲劳，如换成住宿则费用相对便宜。于是携程建议客户按照 3 000 元人民币的标准在当地住宿一晚，一来解决了客户休息问题，二来也为公司降低了成本。

新冠疫情发生后，携程坚持以客户为中心，特殊退改政策一再升级：先是启动 2 亿元重大灾害保障金，对于《旅游法》规定之外的客户损失予以承担；2020 年 1 月 21 日，推出首个面向武汉地区的无损退订政策；此后，又为所有平台用户提供无损退订等保障服务。随着各行各业陆续复工，携程发起"健康守护联盟"，采取更高标准的酒店防疫措施；针对景区客流聚集问题，携程联合景区推出"安心游联盟"，制定"景区防聚集服务规范"，围绕"不超标、不排队、不聚集"3项目标，率先推出10项措施，堪称业内标杆。

（三）跨业合作求突破：携程围绕主业建多赢合作体系

携程很注重跨界合作促成共赢合作。2010年3月，携程和零售巨头沃尔玛（中国）寻求跨业合作，双方相互借力，趁着上海世博会的东风拉开旅游产品合作。携程市场合作部在短短10天的期限内，加班加点，不负众望，在沃尔玛的紧密配合下，解决了产品价格测算、操作流程制定、财务结算形式、法律风险预判等一系列的细节问题。2010年4月1日，"世博快线"在全国11个城市的48家沃尔玛实体店内顺利上线。

截至目前，携程与全球234个国家和地区的34.4万多家酒店、国内国际的各大航空公司、近20家海外旅游局和16家国

携程集团总部上海办公场地

上海研究院调研携程集团

内旅游局等上下游资源方进行深入合作，还与超过 300 家金融机构和企事业单位达成"伙伴式"的多赢合作体系。

过去 20 年，互联网行业的机会很多，诱惑也很多，许多企业耐不住寂寞，但是携程却选择在旅行业深耕，体现出其强大的信念、毅力和专注精神。未来，携程还会面临不少挑战和困难，但可以预见，携程还会继续创新和进取。我们期待携程不仅做国内行业老大，还能成为全球旅游业的领军企业，把中国高水平服务业推向全球，为促进中国的高水平开放贡献力量。

整理撰稿：马薇薇[1]

1　马薇薇，上海市商务发展研究中心商务综合研究部主任兼市场合作开发部主任，高级经济师。专业从事上海商贸流通领域基础理论和实证研究、商业网点规划、消费市场和商品市场运行研究、决策咨询研究等工作逾 15 年。

二十八、中芯国际（2000年）：大陆工厂建起日，家祭无忘告乃翁

2022年8月，美国通过了《芯片与科学法案》。其中刻意规定，在未来10年里，接受美国补贴的半导体公司不得在中国大陆新建先进制程的芯片工厂。2022年10月，拜登政府宣布，禁止美国和任何采用美国技术的国家向中国出售高端芯片及芯片制造设备。这些动作是美国政府近年来对华科技战的大规模升级，其目的是通过切断中国获得先进技术的途径，来阻碍中国军事与经济发展。

美国政府这些变本加厉的打压行径，只会激起中国人民奋起直追的决心与努力。中国要加快科技自立自强步伐，解决外国"卡脖子"问题。中国有体制优势，政府能够制定前瞻性科技战略，也有能力优化配置创新资源，这将有利于中国尽早成为世界主要科学中心和创新高地。中国有着一个潜在的、庞大的人才资源，中华儿女中有很多优秀的科技人才，心心念念不忘祖国的科技进步与经济发展，他们曾经做出了巨大的贡献，未来还会继续

做出贡献。中国芯片产业的奠基人、"中国半导体之父"张汝京便是其中一员。

（一）父亲问儿子：你什么时候去大陆建厂？

1948 年，张汝京出生于江苏南京，他父亲张锡纶曾是我国著名的炼钢专家。

20 世纪 30 年代，河北籍学生张锡纶从中国第一所矿业高等学府焦作工学院毕业，那个年代这可是绝对的高学历。作为一名冶炼学的稀缺人才，他被上海的一家炼钢厂录用。抗战全面爆发后，上海工业大规模西迁，张锡纶也来到了战时陪都重庆。他工作的炼钢厂被并入国民政府军事工业系统，成为隶属兵工署的第21 兵工厂。

抗战期间，张锡纶负责管理第 21 兵工厂，生产了国内 90%的重机枪，为前线部队提供军事装备。1945 年抗战胜利后，兵工署派遣大量人员奔赴全国，接管侵华日军遗留下的军械厂，张锡纶也随同事来到南京，接收位于雨花台附近的日本野战造兵厂，并在此建立了兵工署第 60 兵工厂。此时的张锡纶已是业内有名的炼钢专家，他在南京立业安家，与相识多年的女友成婚。1948 年，他的第二个孩子出生，取名张汝京。

蒋介石败退之际，张锡纶随兵工厂去了中国台湾地区。此时张汝京还在襁褓中，在那个动荡变更的大时代，张家人就这样和他们的故土祖国大陆分别了。

张锡纶有着浓厚的家国民族情怀，在他的教育和影响下，张汝京自幼就受到了爱国主义的教导和熏陶。张汝京读书成绩优异，一路考上台湾大学，后前往美国深造，先后取得工程学硕士和电子学博士的学位。1977年，张汝京加入当时半导体行业的龙头企业美国德州仪器，从研发设计工程师做起，一干就是20年。在此期间，张汝京加入了诺贝尔物理学奖获得者、集成电路的发明人杰克·基尔比的研究团队。正是在这样的团队中，张汝京接触到了时代最顶尖的半导体技术，他迅速成长，前后参与了美国、日本、新加坡、意大利等地9个大型芯片厂的建设，自己也成了业内公认的"建厂高手"。

20世纪七八十年代，半导体产业在美国发展迅速，张汝京的事业重心自然也在美国，为了距离儿子近一些，父亲张锡纶和母亲刘佩金在退休之后也搬到美国居住。与无数在海外生活的老一辈华侨一样，张锡纶夫妇也是家国情结极重的人，时刻牵挂着祖国大陆。在张汝京事业蒸蒸日上，成为全球芯片行业知名的建厂专家之后，有一天父亲张锡纶突然问了儿子这样一个问题："你什么时候去大陆建厂？"一语惊醒梦中人！从小就被父亲家国情怀深深影响的张汝京，被父亲这个提问击中了心弦。是啊，家国，国家，在中国人的文化里，是浑然一体和紧密相连的，达则兼顾天下是中国自古以来文化人的崇高追求，张汝京开始正式思考这个问题，也在寻找合适的机缘。

20世纪90年代末，张汝京迎来了解答的契机。1997年，在德州仪器工作了20年之后，张汝京提前退休。在经过一段短暂的大陆考察之后，他回到中国台湾地区创办了世大半导体并迅速做到量产和盈利。在此期间，张汝京已经做好了在大陆建设芯片工厂的详细计划：世大第一厂和第二厂建在中国台湾，第三厂到第十厂全部放在大陆。

就在张汝京雄心勃勃准备大干一场的时候，他引起了行业龙头台积电[1]的警惕和行动：世大的大股东贪图巨大利益，在张汝京毫不知情的情况下，于 2000 年 1 月将公司以 50 亿美金卖给了台积电。合同还设有针对性条款，限制世大去大陆投资，张汝京得知此事后便毅然决然提出辞职，下定决心准备赴大陆创业。

（二）家祭无忘告乃翁

21 世纪伊始，中国大陆也在积极开始谋划发展芯片产业。时任上海市人民政府副秘书长的江上舟带领工作团队，专门奔赴中国台湾招揽芯片领军人才。芯片业鼎鼎大名的张汝京，自然是首选对象。张汝京得到了上海方面最有力支持承诺：团队完全由张汝京负责组建，地块想要哪块都可以，资金双方共同努力解决，另外在公司注册、税收优惠等方面一路绿灯。

凭借着业内的名气和世大的成功经验，张汝京迅速聚拢起一批人才和资金，中芯国际集成电路制造有限公司于 2000 年 4 月 3 日注册成立。除了国内资本上海实业，中芯国际还引入了大量国外资本，包括美国高盛与华登（据说是芯片领域最好的投资

1　台湾积体电路制造股份有限公司，中文简称为台积电，英文简称为 tsmc，半导体制造公司，成立于 1987 年，是全球第一家专业积体电路制造服务（晶圆代工 foundry）企业，总部与主要工厂位于我国台湾的新竹科学园区。

公司），首批就筹集到 10 亿美元，2003 年又募集了 6.3 亿美元，这种股权结构的全球化布局，不仅使中芯国际获得了资本，也绕开了西方封锁的限定，获得了大量半导体设备，从而快速加入赛道。

2000 年 8 月 24 日，中芯国际在浦东新区的张江高科技园区打下第一根桩。在张江北区打桩机轰鸣的工地前，张汝京挽着母亲的胳膊，一起见证了中国最先进的芯片制造厂的拔地而起。彼时张父已经驾鹤西游，也许张汝京内心里默念着南宋著名爱国诗人陆游那句诗句：王师北定中原日，家祭无忘告乃翁。他终于完成了父亲对他的嘱托，回到祖国大陆建立了芯片工厂，他可以告慰家父在天之灵了。仅过了 1 年 1 个月，到 2001 年 9 月 25 日，中芯国际就开始投片试产，创造了当时全球最快的芯片厂建厂投产纪录。

中芯国际的成立，让中国大陆的晶圆制造实力提升了一个台阶。2003 年，中芯国际晶圆销售额提升至 3.6 亿美元，张汝京带领中芯国际突破了 90 纳米制程，第一次将大陆芯片推进至纳米级。仅仅 4 年，中芯国际已经冲到了全球第四大代工厂的位置，崛起速度令人咋舌。业内有人感叹说：张汝京以一人抵万军。他带动中国半导体领域奋起直追，重新跟上时代潮流，缔造了一个曾经举全国之力都没能实现的奇迹。2004 年，中芯国际在香港联交所和纽交所相继上市，融资近 18 亿美元。

曾经有台湾的朋友来大陆拜访张汝京，回去跟台湾媒体评价道："Richard（张汝京英文名）连西装都没有穿，就是一件工作衫，披上件发旧的灰色毛衣，像个传教士，办公桌是三夹板拼凑起来的便宜货。张说他有一个中国半导体的宏伟梦想，他为这个梦想要彻底献身，好像甚至牺牲性命都可以，这个人不是为了赚钱才做这件事，这才是最可怕的。"

"可怕"？不应说"可怕"，而应说"可敬"。张汝京的家国情怀是传统中华文化的基因，中华儿女身上都有这种印记和传承，否则，5 000 多年的文明，怎么能一直长久不衰传到现在呢？

（三）遭台积电打压 20 年，70 岁高龄仍誓言撑起"中国芯"

2003 年，中芯国际准备上市大展宏图之时，蛰伏已久的台积电动手了。中芯国际的班底大多来自被台积电收购的世大。漂洋过海的工程师们给中芯国际带来了丰厚的经验技术，但相似的流程与模式也埋下了产权纷争的把柄。台积电以窃取商业机密为由在美国起诉中芯国际，无奈之下，中芯国际选择庭外和解，最终敲定赔偿金 1.75 亿美元。

2006 年，台积电故技重施，以"侵犯专利"名义指控中芯国际最新的 0.13 微米工艺侵权。2009 年 11 月 4 日，中芯国际在台积电提起的美国加州诉讼案中败诉。数天后，中芯国际发布公告，宣布与台积电和解，需要向台积电支付 2 亿美元以及中芯国际总股本 10% 的股份。为了中芯国际的生存，张汝京辞任中芯国际执行董事、总裁兼首席执行官。据报道，这也是台积电和解的条件之一。台积电处心积虑"追杀"张汝京，竟然把手伸到了大陆。

张汝京的离任，并没有让中芯国际和他自己一蹶不振，因为这是在祖国的大地上，祖国不会让他再受委屈，大陆有更多的机会需要他发挥领军作用。他离职后，江上舟接任中芯国际董事长，原华虹集团首席执行官王宁国出任首席执行官，按照张汝京既定方针，加快了中芯国际的发展步伐，并于2010年首次实现全年盈利。张汝京则继续创业，从中芯国际的创始人变身为"中国半导体产业教父"。

2014年6月，张汝京受邀在上海临港重装备区内创办新昇半导体，总投资约68亿元，专注于半导体300毫米硅晶圆。新昇半导体成了国产大硅片的破局者，承担并全面完成了"40—28纳米集成电路制造用300毫米硅片"的国家科技重大专项任务，又承担了"20—14纳米集成电路制造用300毫米硅片成套技术研发与产业化"的专项任务。

2017年，张汝京在新昇半导体的3年任期结束，年近70的他转身再次创办了半导体制造企业青岛芯恩。对于离开新昇半导体，张汝京回应称，300毫米硅晶圆本来就是为国家做的，相比之下，他对IDM（垂直制造模式）更感兴趣。青岛芯恩项目总投资150亿元，由青岛西海岸新区管委、青岛国际经济合作区管委、青岛澳柯玛控股集团有限公司、芯恩半导体科技有限公司合作设立，最终实益拥有人是青岛市人民政府。

借由青岛芯恩，张汝京提出了"最适合中国"的半导体企业经营模式CIDM，即协同式集成电路制造。在这种模式中，10—

15个企业共同出资联合进行芯片设计、工艺研发、生产、封装、测试和销售等环节，实现多赢。张汝京认为，CIDM模式下，这些公司不仅可以资源共享，还可以减少投资风险。2021年8月2日，芯恩在青岛宣布其8英寸厂投产成功，投产产品为功率芯片，良率达90%以上，其光罩厂也于同期完成产品交付。

张汝京在大陆创业的20余年间，既见证了中国半导体产业从0.5微米制程停滞，再到如今各细分领域补足发展，也亲身参与创建了中芯国际和新昇半导体等产业重量级企业。每次他功成身退，都给大陆留下了运行良好的半导体企业。他通过一次次的创业，在中国大陆芯片产业屡创先河，从半导体材料到晶圆制造，每一个创业项目都在填补本土供应链的薄弱环节。

2022年，张汝京离开芯恩，加入积塔半导体。有一位专家评论："张汝京是中国半导体芯片产业的一个重要符号，他曲折的创业历程正是中国国产芯片艰难发展的一个缩影，尤其他创办的中芯国际开启了半导体芯片国产化的里程碑，不断探索国产半导体的技术发展新路线。可以说，张汝京是一个不折不扣的传奇人物，他身上老而弥坚的创业精神，也是中国无数芯片人不屈不挠奋斗精神的写照。"

整理撰稿：杨涤

二十九、洋山深水港（2002 年）：落实中央战略部署造出的超级大港

上海的城市发展同港口的关系非常密切。近年来的考古发现证明，上海历史上的青龙镇就是海上丝绸之路的重要港口之一。但是长期以来，从苏州河到黄浦江再到长江口，上海的码头一直都存在水深不够的问题。刚开始，由于水运需求量有限，航运船舶的体型也不大，并没有造成太多不便。但随着集装箱时代的到来，这个问题便愈发突出了。由于没有深水港，上海的发展受到很大制约。

（一）没有深水港，制约了上海"国际航运中心"建设

从 20 世纪 90 年代到 21 世纪初，经济全球化趋势加速发展，国际贸易规模持续扩大，促使世界航运业的格局发生了重大变化。航海和造船技术的进步，使得国际集装箱运输成为国际航运的主要运输方式。国际集装箱运输市场的发展和变化，逐渐呈现出"船舶大型化、经营联盟化、航线干线化"的特点和趋势。

相较于陆运和空运，水运成本是最低的，国际贸易越来越多地依赖水运。

20 世纪 80 年代末，3 000 TEU[1] 左右的船型还是远洋运输的主流船型，进入 90 年代，4 500—5 000 TEU 以上超巴拿马型船快速增长并有成为干线运输主流船型的趋势。国内外业界有识之士预判，不远的将来，甚至有可能出现 8 000 TEU 以上的超大型船。

停靠超大型船必须要有水深超过负 15 米的深水航道和码头。国际海运主干航线上最主要的布局是东西向的航线，主要为东亚—北美航线、东亚—欧洲航线、欧洲—北美航线。总体看，干线运输需要投入大型船舶并以沿线少数几个主要枢纽港为集散停泊点。在这种大趋势下，如果一个港口不能争取到枢纽港的地位，就会在竞争中沦为枢纽港的"支线港"或"喂给港"。特别是在东北亚地区，由于处在东西干线的节点上，战略意义重大，争取枢纽港地位就显得格外重要。

海运是国际贸易的主要运输方式，占总贸易量的 90% 以上。当时在中国周边的国家和地区，对国际集装箱枢纽港地位的争夺很激烈，在中国提出建设上海国际航运中心的同时，日本神户港提出要建设"亚洲母港"，韩国釜山港提出要建设"21 世纪环太平洋中心港"，中国台湾高雄港提出要建设"亚太营运中心"等。

---

1 TEU 是英文 Twenty-feet Equivalent Unit 的缩写，是以长度为 20 英尺的集装箱为国际计量单位，也称国际标准箱单位。通常用来表示船舶装载集装箱的能力，也是集装箱和港口吞吐量的重要统计、换算单位。

上海要建设国际航运中心，必须有深水港作为支撑，建成国际集装箱枢纽港是第一步。但是，20 世纪 90 年代初，上海港国际集装箱年吞吐量只有约 50 万 TEU；而新加坡港和中国香港港都已迈入千万箱级行列；日本京滨、阪神港和韩国釜山港都已是 200 万—300 万 TEU 级港口；中国台湾高雄港年吞吐量也已逾 500 万 TEU，位列世界集装箱港前五位。除码头泊位数量上的差距外，没有可供超大型集装箱船停靠的深水港，成了上海港竞争成为国际枢纽港的最突出、最致命的"短板"。

（二）落实中央战略部署，加速深水港建设启动

1992 年 10 月，党的十四大提出把上海建成"一个龙头、三个中心"的重大战略。决策后，中央领导多次提出要加快上海国际航运中心建设。

1995 年 8 月、9 月，上海市委、市政府主要领导多次就上海国际航运中心深水枢纽港港址进行调研和实地考察。

1996 年初，国务院提出以上海为中心，江浙为两翼，建设上海国际航运中心的战略构想。为落实中央部署，上海市委在同年 5 月决定成立上海国际航运中心上海地区领导小组办公室（国航办），国航办成立后，于同年 9 月根据交通部通知要求正式开始前期比选、论证和立项工作。

1999 年，上海正式向国家上报洋山深水港区一期工程项目建议书。

2001 年 7 月，上海市深水港建设指挥部成立，负责工程项

目的开工建设。

2002 年 3 月，国务院批准洋山深水港建设项目立项。

2002 年 4 月，洋山深水港区一期工程投资、建设主体相继挂牌成立。

2002 年 6 月 26 日，洋山深水港工程正式开工建设，第一期工程打下了第一根桩。

2005 年 12 月 10 日，上海国际航运中心建设的核心工程——洋山深水港区一期工程建成开港。

上海深水港新港址的选择，最早可以追溯到 20 世纪 80 年代。早期选址的思路可以概括为"北上""东进"和"南下"。"北上"是设想到长江边的上海罗泾地区建港，"东进"是设想到上海外高桥地区建港，但由于这两个区域都位于长江口以内，船舶出入这两个区域，都会受制于长江口的"拦门沙"，而罗泾等处岸线的长度也满足不了集装箱运输高速发展的需要。因此"北

洋山深水港

上"和"东进"方案都被搁置。

"南下"是计划利用杭州湾沿岸上海南汇、金山一带的大片岸线建港，但由于出入这一区域必须经过杭州湾内很大一段浅滩，航道最深的地方只有负8至负9米，显然也是不够的。所以"南下"方案同样不具备深水港港址所需条件。

在这种情况下，20世纪90年代中期，上海市委、市政府的主要领导开创性地提出跳出上海看上海，到外海建设深水港的大胆思路。

关于上海与洋山港的邂逅，流传着一个有趣的"不期而遇"的故事。那是在1995年，有位专家写报告向上海市领导推荐浙江省衢黄岛一块地方作为选址考虑。调研小组带着专家的规划方案坐船出海考察，可实地一看，风浪太大，不适宜建港，而且离上海太远，大家失望而归。返沪途中，当地向导提议可以顺路到洋山去看看，船一驶入大小洋山，突然停止了颠簸，海面也风平浪静。原来，那里有一个浑然天成的喇叭口，北有小洋山列岛，南为大洋山列岛，加上外侧的嵊泗群岛与岱山群岛，就此挡住海上风浪。调研小组查阅水文资料，这一海域水深正好超过15米，任何超大型的集装箱船都能够顺利进入靠泊。洋山还有个非常有利的条件，就是它离国际航道很近，大概也就是104千米。真是"众里寻它千百度，那港只在风平浪静处"，洋山就这样被选中了。

（三）吹沙填海，沧海桑田，世界第一大港诞生

选址确定后，洋山港的建设还面临很多问题需要解决。

首先，洋山港与浦东隔海相望，有约 32 千米的距离。该如何解决这"最后的 32 千米"呢？答案是：建跨海大桥。2005年 5 月 25 日，我国第一座跨海大桥——东海大桥实现全线结构贯通，12 月 10 日，正式通车运营。32.5 千米的东海大桥连接起了海岛与大陆。

其次，大小洋山由十几座不相连的小岛组成，岛屿间有海域。小洋山岛原本只有约 1.7 平方千米，这样的面积不足以建设大港。怎么解决？答案是：吹沙填海。现在所看到的平地，都是填海吹沙吹出来的。工程人员要在平均水深 20 多米的岛屿之间，用吹沙填海的方式将岛屿间的海域填平，造出长 6 千米、宽 1—1.5 千米、总面积 8 平方千米的平整陆地。这相当于在 1 000个足球场的面积上，将沙子堆到七层楼的高度，砂石抛填总量超过一亿立方米。

1 000 多个标准足球场这么大的平地，通过吹沙把它建起来，这个工作量可想而知。吹沙成地后，还要建港，还要打桩，打桩要坚固也是很难的。当时在那边打桩，他们有个比喻，叫"在稀饭里面插筷子"。但这些对于"基建狂魔"的中国而言，都不是个事儿，技术上很快就得到解决。

2005 年 12 月 10 日，洋山深水港区（一期工程）顺利开港。在洋山深水港区开港的当天，洋山保税港区也正式启用。两者互为依托、相辅相成，既大大提升了航运基础设施的能级，又补上了我国与周边国家港口竞争的短板，对增强上海国际航运中心的集聚辐射和国际中转功能，具有非常重大的促进作用。

洋山深水港码头

与 2005 年洋山一期刚刚开港时相比，如今的洋山港大为不同。在洋山四期自动化码头，码头作业区 24 小时不停运转，里面却几乎"空无一人"，现代化桥吊、轨道吊自行挥动巨臂，没有驾驶室的自动导引小车载着集装箱来回穿梭。码头能自己动起来的关键，就是智能管控系统。它就是自动化码头的大脑，吸取传统码头经验，代之以系统代码，用系统决策取代人的决策。这套系统完全由上港集团自主研发，拥有完全知识产权。2021 年，上港集团超远程智慧指挥控制中心项目落地，第五代固网技术首次应用在港口大型设备作业中，操作员在百公里外的虹口区大连路，就可以远程无延时操控桥吊。

2021 年，洋山四期每台桥吊昼夜装卸能力已突破 1 000 标准箱大关，装卸效率较传统码头提高近 30%，人力成本节约近 70%。在节省人力物力资源的情况下，还要进一步节能降耗。全电力驱动的大型设备和自动导引小车、全程无纸化操作、太阳能辅助供热等技术的应用，也让洋山四期成为绿色港口的典范。

2022 年，上海港的集装箱吞吐量突破 4 730 万标准箱大关，连续 13 年蝉联全球第一。根据《上海国际航运中心建设"十四五"规划》，上海港集装箱吞吐量要于 2025 年达到 4 700 万标箱以上。洋山深水港提前完成了目标。从荒芜小岛，到世界上最大的自动化集装箱码头，洋山港一直在奔跑。未来，它将在上海加快国际航运中心、自由贸易试验区建设，扩大对外开放，参与"一带一路"建设等方面发挥更大作用。

整理撰稿：杨涤

三十、上汽荣威（2006年）：收购英国车企资产，品牌自主国际化

　　荣威是上汽集团真正具有完全自主权的品牌，于2006年10月推出，取意"创新殊荣、威仪四海"。荣威的品牌发展迅速，其产品已经覆盖中级车与中高级车市场，"科技化"已经成为荣威汽车的品牌标签。但走到这一步，是通过国外国内两次收购才达到的。

上汽集团

（一）上汽为什么要买罗孚？

在 21 世纪的第一个十年，自主品牌车企首先敢于冲击高端汽车市场的，寥寥无几。

上汽为什么要买罗孚？一言以蔽之：上汽花大价钱购买罗孚，是为了形成自主品牌开发能力。中国汽车发展史可以分成三个阶段：1953 年中国汽车工业诞生到 1978 年改革开放前，初步奠定了汽车工业发展的基础；1978 年到 20 世纪末，通过引进技术、合资经营，中国汽车工业产品水平有了较大提高，商用汽车产品系列逐步完整，重型汽车、轻型汽车的不足得到改善；21 世纪中国加入世界贸易组织（WTO）后，中国汽车市场规模、生产规模迅速扩大。

中国加入 WTO 后，在制造水平上已达到世界级水平，但在整车设计开发上却与国际水平存在相当差距，缺乏自主研发能力成为中国汽车工业最大的软肋。如何培养自主开发能力，国内几大汽车集团如一汽、上汽、东风等各有不同的路径。

上汽大胆提出与外资合作，包括运用国际并购的手段，来迅速达到拥有技术和确立品牌。2002 年，上汽制定了集团发展的三大战略，"在 2007 年达到整车产销 100 万辆计划的同时，力争实现自主品牌 5 万辆的目标"。随着海外并购思路的确定，上汽在自主研发方面的思路更为具体起来。上汽要利用全球资源，与其他厂家采取各种形式合作开发自主品牌。

2003 年 6 月 16 日，上汽与罗孚签署战略合作协议。根据协议，双方将展开一系列合作，内容包括开发新车型、拓展罗孚全球汽车市场。

2004 年 11 月 22 日，来自英国《金融时报》的消息称，罗孚公开表示，上汽正在与罗孚谈判，计划以 10 亿英镑（约合 109 亿元人民币）出资，而英国罗孚则以现有技术研发平台、工厂等出资，共同成立一个新的合资公司。上汽占有 70% 股份，罗孚占有 30% 股份。

罗孚汽车创建于 1904 年，作为英国 100 年汽车工业硕果仅存的汽车公司，其在欧洲享有较高的知名度。罗孚汽车集团曾包括四个部分：罗孚汽车、名爵（MG）跑车、路虎越野车和迷你（MINI）小轿车。

作为大英帝国的一个百年汽车品牌，尽管眼下罗孚四分五裂，但依然具有比较强的研发能力。罗孚曾经风光过，但后来几次改变东家，经营状况一直没有起色，基本处于半死不活的状态。由于缺乏资金输血，罗孚经营每况愈下，面临巨大的生存危机。其年汽车销量已从 2000 年的 20 万辆跌落到了目前的 10 万辆左右，其不得不大幅削减价格扩大销量，但此举仍旧难以遏制下滑趋势。

事实上，罗孚早就开始在全球搜寻救命稻草，1994 年宝马曾以 8 亿英镑收购罗孚汽车集团。但是这次并购由于整合不力，到 1998 年底，罗孚带给宝马的亏损超过 30 亿美元，成为宝马的最大累赘。2000 年，宝马不得不将罗孚拆分，其中路虎越野车以 30 亿美元的价格卖给了美国福特汽车，MINI 留在了宝马，而最糟糕的一部分资产——罗孚汽车及名爵跑车被英国私人投资商凤凰集团象征性地以 10 英镑购回英国。宝马不赔不赚，但对于罗孚，又浪费了 5 年左右。罗孚奄奄一息，把目光投向了亚洲蒸蒸日上的中国。

罗孚和华晨、重庆力帆、新疆德隆、南京汽车等众多中国公司都有过接触，但都由于种种原因未能成功合作。据说，当时华晨出的价格是 4.6 亿美元，准备将陕西的秦川汽车收购作为生产工厂，而罗孚的工程师已经到了陕西，但最终合作未能成功。这时候上汽恰逢推出海外拓展的战略，罗孚进入了上汽的视野。

罗孚究竟值多少钱？宝马 4 年前曾经给出过一个答案：10 英镑。这大概是一种投资失败的气话。罗孚对外宣称上汽已同意提供逾 10 亿英镑资金，用于罗孚现有全部四个车型的更新换代。英国媒体将上汽称为罗孚的"不可思议的救星"。英国各方对上汽的收购欢呼雀跃。尽管外界已经沸沸扬扬，但上汽一直不肯对此桩收购有任何评价，包括 10 亿英镑的收购价格。上汽是国有企业，这个交易价格应该得到有关政府部门的同意方能行事。

2004 年 6 月 16 日，上汽与罗孚签署了意向性合作协议，以 10 亿英镑出资占据合资公司 70% 股份，而罗孚则以现有的技术研发平台、工厂等占有剩下的股份。几乎罗孚所有未来车型都将在合资企业开发、制造。合资公司将同时在中国上海和英国伯明翰拥有两个制造基地。上海工厂年产 80 万辆，伯明翰工厂年产 20 万辆。双方确定未来罗孚主要负责欧洲市场的开拓，而上汽则负责亚洲市场的推广，双方还将联手进入美国市场。

上汽收购罗孚的 10 亿英镑报价，震动了整个英伦。这笔交易是迄今为止中国汽车业最大的跨国并购个案。

2004 年 12 月，急于"出嫁"的罗孚为了表示合作的诚意，同意了上汽出资 6 700 万英镑，从凤凰投资控股公司手中购买罗孚的技术核心知识产权，包括罗孚 1.1—2.5 升全系列发动机、75 型和 25 型两个核心技术平台。有了上述核心技术产权，上汽将不再像过去 20 年那样在别人的许可证下组装轿车。当上汽购买完核心技术后，英国人普遍认为，上汽支付的金额仅是他们并购计划的第一部分，罗孚还等待着上汽后面的并购资金，然而却迟迟没有消息，上汽的并购步伐忽然放缓。

商场如战场，中国人有钱但也不能当冤大头。上汽的冷淡和拖延完全在情理之中。上汽的财务顾问安永会计师事务所向上汽提供了一份报告，说罗孚有可能在极短的时间内破产。来自毕马威、德勤等其他咨询公司的分析结论也强调了这一判断。

2005 年 4 月，被欠款已久的供应商决定停止向罗孚供货，罗孚被迫停产。4 月 7 日晚，英国贸工大臣帕特丽夏·休伊特对外界宣布，上汽已停止收购罗孚汽车，罗孚已进入破产保护程序。

上汽在罗孚破产后向其破产监管公司普华永道发信，表明自己对购买罗孚一部分汽车生产业务和发动机制造业务的兴趣。但是，英国政府表示，为了保障罗孚员工利益，将不会分拆出售罗孚。为此，上汽找到了福特汽车和通用汽车的两位前高管所在的迈格码（Magma）公司，希望由它出面收购罗孚剩余资产，上

汽提供资金支持，并在英国建立研发中心。这一方案得到了英国
运输总工会的支持。

上汽在与英国人的并购斗法中一直把握主动，并购布局看起
来也布置得当。但 2005 年 7 月 23 日，一则爆炸性消息传回国
内，南汽以 5 078 万英镑竞得罗孚汽车和发动机分部。然而令人
没有想到的是，上汽看中、南汽收入囊中的罗孚发动机厂，是由
本田和宝马的技术组成的。普华永道在南汽收购完成后突然宣
布，确认本田也拥有罗孚发动机的部分知识产权，而本田随即表
示，其无意转让技术，并把本田在罗孚工厂的设备搬走，还销毁
了技术文件。这大大降低了该发动机厂的技术含量。

福特此时也站出来，要求购买 Rover（罗孚）商标，理由是
福特手中握有一份 2000 年与宝马签署的《商标共存协议》。根
据这份协议，福特拥有 Rover 商标的优先购买权。福特抢购商
标的行为，被外界解读为防止其他车企获得商标后，影响路虎
（Land Rover）的品牌形象与市场，将两个 "Rover" 同时收入
囊中无疑是最有利的解决办法。至此，罗孚百年命运已然画上了
句点，基本上被 "五马分尸"。

现在回顾起来，国际并购中的 "暗坑" 和 "陷阱" 还是很多
的。罗孚的技术和品牌都被事先埋下了这样的 "防御性" 手段，
大英帝国大企业本来就是国际化运营的，技术和品牌都有交叉和
控制，也在情理之中。尽管上汽没有得到百年罗孚的 Rover 商
标及其核心的发动机厂，但是上汽避免了以高昂的金钱代价搭上
一个沉重包袱。大家试想，当年宝马花费 3 亿美元巨资并购罗

孚也没有整合好，何况刚刚开始扩展的上汽呢?

上汽购买的罗孚 1.1—2.5 L 全系列发动机、75 型和 25 型两个核心技术平台，解了上汽自主生产的燃眉之急。2006 年 10 月 12 日，上汽发布了"荣威"（ROEWE）logo——盾形的双狮护卫华表徽标，意喻"创新殊荣、威仪四海"，定位为国际化的中高端自主品牌。

2006 年 10 月 24 日，上汽首款自主品牌中级车——荣威 750 正式亮相。这位上海滩的新贵，有着与罗孚 75 神似的外观：圆润、修长、扁平的雪茄式车身，饱满的车头，宽大的前格栅搭配规矩的长方形大灯；内饰沿用英式格调的浅米色系，简洁圆润的中控台，椭圆形空调出风口，还配有一只风格典雅的时钟，提升豪华感的桃木条装饰也有大量使用。哪怕放到今天，荣威 750 也充满了英式豪华感。

上汽毫不讳言，荣威 750 基于罗孚 75 和宝马 5 系的技术平台打造，并将此作为卖点：源自英伦，血统高贵。这无疑把自己放在了一个挑战性很高的起跑线上。高品质、高起点的品牌形象的确冲击了国内消费者的审美，荣威 750 一炮走红，上市 4 个月，销量累计超过 10 000 辆，并且单月销量在该细分

荣威 750

名爵 7

市场 V6 系列车型的份额达到 22.5%，位居前三名。

（二）上汽为什么要买南汽？

但问题还是存在的。上汽宝山发动机厂只有缸盖、缸体和装配三条生产线，每天只能小批量生产几十台发动机，而且由于缺乏罗孚的原厂设备和技术人员，许多影响产品合格率、稳定性的问题也并未得到解决。随着荣威品牌销量走高，发动机稳定性成为上汽迫切需要解决的问题。当时，解决这个问题最快速的途径便是：采用罗孚原厂设备进行发动机组件的生产，但罗孚发动机厂已经被南汽购得。

上汽、南汽分别在罗孚的平台上推出了上汽荣威和南汽名爵两款自主品牌产品。有着同样罗孚血统的名爵 7 和荣威 750 在内饰风格上，除了配色差异，几乎如出一辙，相同的中控台造型与控制按键布局，甚至空调出风口及时钟的造型都完全一样。而且名爵7的价格还比荣威750平均便宜了6万—7万元，在平台和技术设备上荣威750也不占优势。两款车如果同台竞技，荣威的境地该何等尴尬和不利。这催生了上汽并购南汽的想法。

早在2003年的春节期间，国家发改委就把上汽和南汽的领导拉到一起，希望双方实现重组，但最终不了了之。但这次上汽与南汽走在一起是有现实基础的，最直接的诱因是它们各自收购了罗孚资产的不同部分，因为中国汽车制造没有自主品牌，对手不在国内，只有两家合作组合在一起，这些收购来的资产才能发挥最大的价值、创造最大的效益。

2007年12月26日，上汽正式并购南汽，在这起收购中，上汽拿出20.95亿元现金和3.2亿股股份收购南汽控股股东——跃进集团的全部汽车业务。上汽3.2亿股份按照2007年第三季度上海汽车每股净资产5.4元计算，相当于人民币17亿元左右。也就是说，上汽集团以接近40亿元的代价获得了南汽集团100多亿元的总资产。

上汽收购南汽后对荣威、名爵两个品牌进行一体化管理：荣威强调典雅、品位，名爵定位于具有英伦风范的运动时尚轿车，明确以荣威为主品牌，名爵则主打细分市场。上汽对两者实施统一的规划、研发、采购、生产布局、营销等，最大限度地发挥协同效应，降低成本，提高资源利用率。

完成此次收购后，上汽根除了在发展自主品牌发展道路上的后顾之忧。收购前，上汽已经拥有上海大众、上海通用、上汽通用五菱、韩国双龙、荣威等几大乘用车板块及重庆红岩等重卡资产，而南汽则拥有南京菲亚特、南汽名爵和南京依维柯 3 个整车生产公司，并生产跃进牌轻型卡车，年综合产能为 20 万辆。与南汽的合作使上汽的商用车产品型谱和系列更全了。南汽多年亏损，在众多的收购者中，上汽在地理位置上是最近的，上海距南京只有 3 小时的车程。在产品结构上也是互补的。而上汽在谈判中承诺，到 2010 年南京基地的产销量将会是收购前的 3 倍，并同意南汽提出的南汽集团注册地不变，税收、GDP 归南京的要求。

如今，以荣威 750 为代表的英系车已实实在在地打破了维系了数十年的"三分天下"的局面，原本由美、日、欧、三系车共同执掌轿车市场的格局已一去不复返。

（三）荣威主打国内，名爵热销国外，中国汽车品牌自主未来可期

在 21 世纪第二个十年，荣威 RX5 和荣威 MARVEL X 热销，分别冲击燃油车高端市场与新能源汽车市场，此外还有在 MPV 市场一揽风云的荣威 iMAX8。

2022 年上汽全年销售 83.9 万辆，相比 2021 年的 80.1 万辆实现了稳定增长。其中，新能源车型全年销售 24.3 万辆，同比增 50%，新能源渗透率超 28%；出口持续热销，名爵品牌达成了出海累计销量超 100 万辆的成绩。

2022 年，上汽推出全新第三代荣威 RX5/ 超混 eRX5、荣威 iMAX8 EV、名爵木兰、名爵 7 等诸多重磅车型，在市场口碑、

荣威 RX5 MAX

影响力以及销量等方面取得了不错的成绩。从荣威 RX5 系列上市至今，已经累计销量超过 100 万辆，拥有了广泛的市场认知度。

2022 年，名爵品牌在澳大利亚、新西兰、墨西哥、泰国、智利等近 20 个国家跻身单一品牌销量前十。名爵品牌还在 2022 年达成了出海累计销量超 100 万辆的成绩，目前已进入全球 86 个国家和地区。

中国汽车的自主品牌，一开始就是在极端困难的情况下发展壮大起来的。推动品牌升级向上的，永远是产品力和品牌力的二者合力。相信上汽荣威以自身坚实的产品作为基础，辅以良好的营销加持，在汽车寒冬之年也可以闯出一片宽广的天空。

整理撰稿：杨涤

三十一、大飞机 C919（2008 年）：大国综合实力的颜值担当

新中国成立不久，一穷二白，百废待兴。毛泽东主席曾感叹："现在我们能造什么？能造桌子椅子，能造茶碗茶壶，能种粮食，还能磨成面粉，还能造纸，但是，一辆汽车、一架飞机、一辆坦克、一辆拖拉机都不能造。"

（一）造不了飞机，只能"罐头换飞机"

1991 年底的一天，一架能搭载 164 人的苏制图 -154 客机降落在了成都双流机场，迅速吸引了海内外的目光。这架飞机之所以如此引人注目，是因为飞机是一名中国商人用大量轻工业品换过来的。在这之后，又陆续有 3 架同一型号的飞机，先后抵达中国。等苏联的第一架飞机交货后，商人又从山东、河北、河南、重庆等 7 个省采购了总共 500 车商品，包括肉罐头及羽绒服、袜子等日用品，运往苏联，总共用了 5 年才全部运送完毕。这一"罐头换飞机"的奇闻，彻底震惊了中国社会。

二战后，世界主要大国的领导人基本都有自己国家制造的专机。例如，时任美国总统艾森豪威尔的专机是两架 C121 大型运输机改装而成的庞然大物，苏共总书记赫鲁晓夫乘坐的是图-104 客机（这架飞机代表着当时人类航空工业的登峰造极之作，曾在西方世界引起广泛轰动）。然而，1965 年周恩来总理访问罗马尼亚时，乘坐的是从巴基斯坦租来的飞机，因为中国那个时候还造不出飞机。中国何时能够制造出自己的大飞机？这个问题的答案不但关系国家领导人的安危与颜面，也是一个国家综合工业能力的象征。

作为战略性产业，民用航空的发展是衡量一个国家综合国力和国际竞争力的重要标志之一，对国家安全和国家综合实力提升具有重要作用。在美国，航空业贡献了 2.3% 的 GDP 和超过 400 万个工作岗位。日本通产省也曾对 500 项技术扩散案例做了研究，发现 60% 的技术来源于航空工业。从投入产出效益来看，每向航空工业投入一万美元，10 年后就可以产生 50 万—80 万美元的收益，对经济的拉动远远超过家电、汽车等产业。

1970 年 8 月，研制大型客机项目正式立项，在中国航空研究院 640 所（上海飞机设计研究所）启动，被命名为"708 工程"，这一工程后来有一个更广为人知、也更为悲壮的名字——运-10（Y-10）。立项后，上海很快汇集了当时中国航空工业的顶尖人才和资源，全国 21 个省市的 262 个单位参与研制，西工大、西飞等单位都抽出大批人才支援"708 工程"。

（二）自废武功，与美国航空公司合作的路也走不通

运-10 飞机是我国的飞机设计首次从 10 吨级向 100 吨级目标的冲刺，但技术人员都只有设计中小型飞机的经验，无论是材料，还是设计方案、总体布局、结构，都面临着诸多新挑战。运-10 团队日夜颠倒奋战，在种种内外困难下，以惊人的毅力克服了诸多难题，于 1975 年完成设计方案定稿。1976 年 7 月，第一架运-10 飞机下线，送往西安做静力学试验。这架飞机总长42.93 米，最大起飞重量 110 吨，可排 178 个座位，代表了当时中国航空工业的最高水平。

1980 年 9 月 26 日这一天，运-10 终于迎来首飞，上午 9点 37 分，伴随着轰鸣声，运-10 飞机自跑道起飞升空，爬升到1 350 米左右的高空，绕着机场飞了两个大圈，最后在一片欢呼声中安全着陆，运-10 首次试飞成功。当时聚集在机场周围的数千名上飞厂职工，欢呼雀跃热泪盈眶。

就在运-10 首飞几个月前，麦道公司总裁麦克唐纳访华。麦道公司这个名字在今天已经颇为陌生，但当时却是美国民航三巨头之一，与波音、洛克希德三分天下。20 世纪 70 年代后，麦道在竞争中渐渐落后，于是将目光投向远方的中国，其合资组装麦道飞机的提议获得了中方高层的首肯。这让运-10 项目的处境，一下变得非常尴尬。运-10 首批次本计划生产 3 架，但 02 号飞机完成首飞后，项目便失去了中央财政的资金支持，03 号飞机尽管已经完成三分之二的工作量，但此后便陷入停滞，完工遥遥无期。

　　1981 年，三机部和上海市人民政府召开运-10 论证会，邀请了经济、冶金、化工方面的 55 位专家，对运-10 飞机实地考察后举行评审会议。会议给国务院提交的报告结论是："运-10 的研制工作不要停，队伍不要散，成果不要丢……建议运-10 应走完研制全过程，取得完整的技术成果"，并提出了再研制 3 架、2 架、1 架等几个方案，但此报告上报后，未获批复。之后，三机部向中央财经小组请求拨款，上海市也曾向国家计委请求继续研制工作，并愿意承担一半研制费用，最终依旧杳无音讯。

　　1984 年西藏发生雪灾，国家组织飞机运送救灾物资进藏，运-10 主动请缨，在除夕前一天由四川飞往西藏，顺利降落在拉萨机场，成为第一架飞抵拉萨的国产大飞机。此后运-10 又先后 6 次往返西藏，运送物资 40 余吨，顺利飞过这条"死亡航线"。然而，这一切将运-10 继续下去的努力最终都是徒劳，1986 年，运-10 向国家财政部申请 3 000 万元研制费用被否决，最终，出于技术不足（最主要是发动机）、经费不足等原因，仅生产了两架半原型机的运-10 项目被彻底终止，从未实际载客。

　　1985 年 3 月 31 日，在运-10 最后一次试飞一个月后，上海飞机制造厂与美国麦道合作，开始组装生产 MD-82 大型喷气式客机。制造运-10 的厂房要给 MD82 生产线腾地方，于是，运-10 生产线上的所有设备、工具都被拆除，当作废铜烂铁处理掉。

　　北大教授路风，在 2004 年撰写的《中国大型飞机发展战略研究报告》中写道："运-10 下马最大的遗憾，是摧毁了整个中国民用大飞机的产品开发平台。"运-10 的下马导致产品开发平台的丧失，导致中国民用航空技术与美国、欧洲之间的差距越拉越大。在一切为了经济建设的 20 世纪 80 年代，停下来的不只运-10，还有核潜艇 09 项目、东风-22 洲际导弹等等。

另一边，中方与麦道的合资变成了"代工模式"。在知识产权与核心技术方面，国外厂商是绝不肯丝毫让步的。最初的 MD82 飞机仅仅是在中国组装，无论上游的设计还是下游的零部件生产，都掌握在美方手中。这样的合作，一没有培养能力，二没有掌握技术，实质上使得中国飞机制造厂沦为麦道的组装基地。此后的 MD90 飞机生产，中方要求国产化率达到 70%，上航、西飞、沈飞、成飞等中国航空工业的中坚力量悉数参与其中，投入了巨大的人力、物力。这段历程确实在一定程度上提升了中国航空工业水平，一些企业承接波音、空客的部件转包生产，一直延续至今。

但是，如果沿着这条路径走下去，中国大飞机的发展，将与中国汽车产业的未来如出一辙——获得一定的本地化生产能力，但培育不起自主品牌，市场被西方巨头瓜分。

1997 年，麦道公司因经营不善被波音兼并，波音要求麦道立即停止与中国的合作生产，拆除生产线，销毁资料，这一被寄予厚望的合作项目戛然而止。筹备好的新生产线仅生产了两架 MD-90 就被迫停产，按当时的价格计算，亏损高达 5 亿美元。再之后，中国航空业还曾将目光投向空客，试图合作开发 AE100 飞机，但兜来转去，最终在巨额技术转让费前不了了之。这一连串的失败，对中国民用航空业的打击是巨大的。麦道飞机停产后，由于长期没有项目，几千人面临下岗，人才大量流失，很多技术骨干流失到了国外。

（三）进入 21 世纪，中国的觉醒与坚定行动

民用航空工业由此耽搁了近 20 年，直到 2002 年 4 月，支线客机（100 座以下，航程 3 000 公里以内）ARJ21 项目经中国国务院批准立项，标志 ARJ21 项目正式进入立项研制阶段，才重现曙光。ARJ21 包括基本型、货运型和公务机型等系列型号。运-10 团队的部分人，后来幸运地参与到 ARJ21 项目中。ARJ21 飞机是 70—90 座的支线客机，虽然不是大型干线飞机，但设计上我国拥有完全自主知识产权；适航审定上，完全与国际标准接轨。528 个试飞科目，398 个适航条款，一个一个地完成，最终 ARJ21-700 飞机才在 2014 年获得中国民航局颁发的飞机型号合格证。这是我国航空工业史上的一个重要的里程碑，是彰显中国创造和中国制造实力和水平的标志性事件。

2003 年，政府换届，中科院院士、"两弹一星功勋奖"获得者王大珩给国务院写信，提出重新启动研制国产大飞机的建议。2008 年 5 月，中国商飞在上海揭牌成立，负责研发 C919[1] 大飞机项目。C919 的研制，中国商飞采取的是"主制造商—供应商"模式，系统集成由国内自主设计，机体部件（机头、机身、机翼

1　字母 "C"，是 "CHINA"（中国）的首字母，也是中国商飞英文名称 "COMAC" 的首字母。而 "919" 中，第一个 "9" 有着 "天长地久" 的寓意，后面的 "19" 寓意 C919 大型客机最大载客量 190 人。

等）由国内供应商承制，航电、飞控、燃油等选择与国外供应商联合攻关，为此成立了 16 家合资公司。

"主制造商—供应商"模式其实也是其他飞机制造商采取的主流方式，波音、空客这两大寡头也不例外，像波音 787 项目，转包生产的零部件大约占 65%；空客的 4 000 多家供应商分布在全球 49 个国家，其中在中国的就有 100 多家。据中国商飞统计，C919 项目以上海为龙头，国内有 24 个省市、1 000 余家企事业单位、近 30 万人参与攻关，全球有 23 个国家和地区、500 多家供应商参与协作。

2022 年 9 月 29 日，中国民航局向商飞正式颁发 C919 飞机型号合格证；11 月同日，C919 大型客机生产许可证获发；12 月在全球首架 C919 交付的同时，三证中的最后一证——单机适航证也由民航局交递，C919 适航取证正式收官，历时 15 年艰辛，我国民航市场首次拥有了中国自主研发的喷气式干线客机。

2022 年 12 月 9 日，中国东方航空（后简称"东航"）作为 C919 的全球首发用户，正式接收编号为 B-919A 的飞机。根据东航的规划，首批 C919 大飞机引进后，将以上海为主要基地，加密上海至北京大兴、广州、深圳、成都、厦门、武汉、青岛等航线，为广大旅客带来国产大飞机的全新体验。2022 年 12 月 26 日，全球首架 C919 国产大飞机开启 100 小时验证飞行之旅。

2023 年 1 月 28 日大年初七，东航全球首架 C919 国产大飞机执行 MU7817 虹桥至南昌航班，兔年 100 小时验证飞行。C919 国产大飞机 100 小时验证飞行起降涉及北京首都、北京大兴、成都天府、西安、海口、青岛、武汉、南昌等多地、多机场。验证飞行需要模拟整个航班运行过程，包括签派放行、旅客登机、飞行员操作、机务维修等全流程。在 C919 完成航线验证飞行后，中国民航局将对验证结果进行审定和检查，确认东航具备安全运行 C919 飞机的能力，并颁发相应运营许可。

2023 年 5 月 28 日 12 点 31 分，东航 MU9191 航班平稳降落在北京首都国际机场，机上近 130 名旅客共同见证了 C919 圆满完成首个商业航班飞行，标志着该机型正式进入民航市场，开启市场化运营、产业化发展新征程。国产大飞机 C919 成功完成商业首航，这不仅是中国航空业的一个里程碑事件，同时也引发国际高度关注。美媒《华尔街日报》当天评价称，这意味着美国飞机制造商波音和欧洲飞机制造巨头空客在中国市场的"双头垄断地位遭到挑战"。不过，波音公司首席执行官戴夫·卡尔霍恩（Dave Calhoun）在接受采访时表示，C919 是一架"出色的飞机"，但中国商飞仍需要"很长时间"才能建立满足中国航空公司所需求的生产能力。他说："在规模如此之大且不断增长的全球市场上，（拥有）三家供应商不应该成为世界上最令人害怕的事情。我认为对我们而言，过度焦虑是一种愚蠢的想法。"

2024 年 1 月 2 日东航的第四架 C919 国产大飞机入列，1 月 9 日起开始执飞京沪航线。同时，中国民航局表示 2024 年将推动国产窄体客机在欧洲获得认证，这是 C919 获得更多国际认可并与波音和空客竞争的努力的一部分。

让中国大飞机翱翔蓝天，承载着国家意志、民族梦想、人民期盼。作为现代制造业皇冠上的明珠，大飞机是考验国家意志和战略眼光的超级工程，无论是计划体制下忽视市场竞争，还是迷信于"外部合作"，稍有不慎，便会满盘皆输。习近平总书记一直以来对国产大飞机事业发展的念兹在兹，这些年，国产大飞机取得的每一个新突破，习近平总书记都十分关注——"我们一定要有自己的大飞机""一定要有这个雄心壮志""让中国大飞机翱翔蓝天"。中国逐步实现国产大飞机的商业运营，这是开天辟地的大事件，我们有理由相信，依托于中国高速增长的市场，C919前程似锦。

整理撰稿：王建

三十二、小红书（2013年）：在年轻人心中"种下生活方式的草"

当今，在上海年轻人的手机中，小红书与微信一样几乎是标配。在小红书上记录自己的日常，分享美妆、美食、旅游、运动等方方面面的消费经验和生活方式，已经成为年轻人的习惯。2013年初创于上海的小红书，截至2023年2月已有2.6亿月度活跃用户，其中70%以上为90后，50%分布在一二线城市，共有6 900万内容分享者，被用户称为"生活百科全书"。

（一）因为喜欢，所以去做——80后的创业故事

小红书的创始人是毛文超，他出生于1985年，家乡湖北武汉，父母都在银行工作。他从小天资聪颖，2003年考入上海交通大学机械电子专业。照理毕业后他本该从事制造行业相关工作，但因缘际会，大学毕业前的实习经历让他决定投身咨询行业。工作第一年，毛文超加入了全球领先的战略咨询公司——贝恩咨询。咨询工作打开了他的视野，两年后他跳槽到一家美国私

募基金贝恩资本，从事股权投资。由于工作表现优秀，2011 年毛文超得公费资助，前往美国斯坦福商学院攻读 MBA。

在斯坦福的学习，让毛文超进一步开阔了视野，也积累了更多人脉。在那里，他聆听谷歌、eBay、惠普等大公司创始人的演讲，亲历身边同窗埃文·斯皮格尔鲜活的创业成功案例。Snapchat 的"阅后即焚"功能为埃文·斯皮格尔创造了 30 亿美元估值，使他成为当时全球最年轻的亿万富豪。耳濡目染中，毛文超心中的创业之情星火燎原，身兼斯坦福商学院中国学生会主席更使他有机会接触真格基金的徐小平、微信的张小龙等国内大牛，为他之后的创业融资打下了基础。

2013 年初，毛文超的父母计划出国旅行，有海外生活经验的他自告奋勇做起旅游攻略，却发现，网上景点推荐的帖子不少，但涉及购物的部分乏善可陈。到了海外应该怎么买，买什么，怎样避免买到假货，几乎没有靠谱的回答。嗅觉敏锐的毛文超察觉到了其中可能存在商机，当时国内电商发展如火如荼，但跨境电商还是方兴未艾，他认为海外购物大有可为。

毛文超把创业的想法告诉了平时就热爱购物的好友瞿芳，两人一拍即合。瞿芳，毕业于北京外国语大学，也是一个 80 后，文科出身的她直觉这的确是个机会，她毅然辞去月薪数万的世界 500 强工作，跟着毛文超携真格基金数百万的天使投资回到上海，共同创办了小红书，一个"海外商品真实的口碑平台"由此诞生。后来有人问过瞿芳，为什么这么大胆地裸辞，去做一个前途未卜的项目？她的回答是，因为喜欢，所以去做！

（二）从"海淘顾问"到年轻人"种草机"——商业模式趋向成熟

作为国内首创的 UGC（User-generated Content，用户生产内容）社交电商平台，初创之时小红书 UGC 社区即将核心内容定位于"关于好物的分享"，由此奠定了平台的"种草"属性。小红书从"海淘顾问"起步，抓准了一个趋势判断：即随着中国经济增长，人民生活水平提高，消费出现全面升级趋势，这就导致进口商品或境外消费快速增长，海外家电、高档食品等开始成为主要的境外购买对象，可是，海外购物，俗称"海淘"，信息严重不对称，小红书就致力于解决这种信息不对称。

风口之下，小红书的用户端很快形成了海外购群体聚集讨论购买心得的 UGC 社区。素人博主自发晒出购物笔记和口碑攻略，通过网络迅速传播，很快积累起大量 KOC（Key Opinion Consumer，关键意见消费者）和 KOL（Key Opinion Leader，关键意见领袖）的参与，影响力日益扩大，小红书逐渐发展成为年轻人的"种草机"，尤其是追逐时尚潮流的年轻消费群体所信任的消费决策平台。

例如，五菱汽车原先给人的印象是："叔叔开的车""面包车""中国上一代的企业"。显然，这样的品牌认知无法迎合当今年轻人的偏好。2021 年，上汽通用五菱与小红书合作，通过与平台年轻用户的深度"共创"，开展话题营销，激发一大波消费热情，最终实现销售转化。小红书怎么操作的呢？这里一步步分解讲解一下：

第一步：消费洞察，找到合适"种植土壤"。2020 年 7 月，小红书平台汽车热搜词显示，汽车内饰、汽车摆件、汽车改色居于高位，在汽车装饰相关的高频热词中，用户对汽车内外观更改的愿望强烈，年轻用户更倾向于从车主角度分享"汽车颜值"和"行车生活"。基于小红书直观的消费洞察，上汽通用五菱设定新品——宏光 MINIEV，从车辆外形入手，提供高自由度的改装空间，将决策权交给消费者。

第二步：话题引流，培育新草"生根发芽"。上汽通用五菱和小红书联合发起"与年轻人共创"的潮装活动，将 MINIEV 变身为"行走的涂鸦墙"，让用户发挥创意改装车辆外观，满足年轻人个性化、定制化、喜欢限量版的心理需求。活动通过小红书博主笔记等优质内容引流，同时投放开屏广告与信息流广告，MINIEV 潮装话题的热度持续飙升，激发了消费者 DIY 的热情，也重塑了五菱品牌在年轻消费者心中的固有印象，最终实现了品牌销量与声量的双重增长。

宏光 MINIEV

　　第三步：二次发酵，持续传递品牌价值。潮装活动之后，上汽通用五菱与小红书再度发起"装出腔调"百位车主潮车展，为车主提供展示和交流的空间，积极传播品牌文化，沉淀品牌资产。红书视觉设计团队 REDesign 与五菱合作设计的联名款"小红车"在车展中 C 位首发，线上相关话题引发第二轮热议，产生了更多博主笔记和优质 UGC 内容，进一步吸引更多用户参与话题，形成话题传播的持续发酵。据统计，整个活动期间小红书社区沉淀了大量优质真实的笔记，笔记曝光超过 2 亿次，达到了良好的品牌传播效果。

（三）回归初心，再次出发——创造下一站美好生活

　　2014 年，小红书探索"社区 + 自营电商"模式，发展自营跨境电商"福利社"。2016 年跨境电子商务零售进口税收新政策发布后，小红书向第三方电商平台转型，并弱化电商功能，回归社交属性，将种草内容重心从商品拓展到生活方式，从露营、野餐到滑雪、骑行，许多当代青年热衷的生活方式在小红书平台冒出"新草"，这个转变被证实是成功的，助力了很多年轻的网红品牌。

　　露营是小红书捧红的第一波"新草"。网红露营品牌"大热荒野"的第一桶金就来自小红书，这个 2020 年底成立、开办成本不足百万的品牌，仅用了半年时间，营业收入达到千万元规模。品牌创立之初的 3 个月内，大热荒野通过 3 位博主发布的小红书笔记，顺利完成 28 项订单交易转化。随即，团队开始大

力布局小红书内容营销，不到 3 个月，品牌迅速在小红书上蹿红，相关笔记数量超过 5 500 篇，位列 2021 年小红书人气露营地第一名。"大热荒野"快速成长的同时，露营消费在小红书社区也形成整体趋势，2022 年 4 月，小红书平台的"露营"类内容搜索同比增长率达到 623%。露营以外，野餐、滑雪、冲浪等新兴消费内容，同样在小红书社区蓬勃发展，并逐渐形成带动消费市场的新动力。

以"标记我的生活"为标签的小红书，已经从早期的"种草商品"转变为如今为用户"种草生活方式"，成功承接了当下用户的新内容需求与新消费需求。作为一个定位为年轻人的生活方式决策平台，用户与 KOL/KOC、内容与营销、消费与情感在平台上完美耦合，使小红书成为品牌营销不得错过的宝藏之地。正如小红书创始人翟芳所说，"放眼未来，中国品牌成长空间广阔。有价值的分享，有温度的联结，小红书在创造美好生活、助力中国品牌建设中越来越大有可为"。

整理撰稿：马薇薇

三十三、拼多多（2015 年）：妥妥的"80 后"学霸创业故事

经常使用手机的人们对于网络购物都不陌生。2022 年，中国零售总额 439 733 亿元，其中网上零售总额 137 853 亿元，占比 31%，接近三分之一。如今买东西只要在手机上点两下，货品就送上门了，真是很方便。

在所有购物网站中，淘宝和京东可以说是第一批成立起来的电商，这也是电商界的两大巨头，创始人分别是马云，刘强东，这两个企业使得浙江杭州和北京都有了独角兽级的电商平台，加上七七八八其他次一级电商，这第一波互联网创业好像就没有上海什么事儿。于是，坊间就有人说：上海在互联网大潮中落后了。在各大电商各占一块市场的红海里，再进

拼多多 App

行购物平台创业，是不是非常难？

但有一个 80 后江南学子不认为难，他来到上海创业，直接挑战了现有电商格局。他就是拼多多的创始人——黄峥。拼多多能够杀出重围，成功上市，不得不说，这离不开黄峥的努力。

（一）普通家庭培养出一个学霸

黄峥出生于 1980 年，家乡是浙江杭州，他的家庭很普通，爸妈都是只有初中学历的普通工人。而黄峥从小学习成绩优异，上小学时一直都是学校的第一名，初中时更是考上了全浙江最难考的学校——杭州外国语学校。18 岁时，黄峥考入了浙江大学的混合班，这是一个从全校高考分数拔尖的学生中选出来的尖子生班。后来黄峥更是进入了计算机专业的实验室，得到了许多院士级导师的辅导，计算机水平也突飞猛进。

2002 年，黄峥又以优异的成绩考入了美国威斯康星大学麦迪逊分校，在计算机专业读研期间，黄峥遇到了影响自己一生的人生导师——段永平。2004 年，黄峥研究生毕业，在段永平的建议下，黄峥选择去谷歌工作。工作了几年后，他成长为一名资深的工程师。对于普通寒门子弟而言，在这样的跨国公司拿一份高薪，已经达到人生的巅峰了。但黄峥没有满足于此，创业的想法在他心底萌动。在经过深思熟虑之后，黄峥辞去了谷歌的工作，回国开始了创业历程。

黄峥回国后，先后尝试做手机电商和游戏公司，在积累了一些创业的经验后，黄峥仔细研究国家政策趋势，从"中央一号文件"找到了商机。2004—2017 年，中共中央连续 14 年发布以"三农"（农业、农村、农民）为主题的中央一号文件，强调了"三农"问题在中国的社会主义现代化时期"重中之重"的地位。他认为，顺应国家政策导向，协助农民销售农产品，存在大有可为的商机。

于是，黄峥在 2015 年成立了"拼好货"，这是一款专门做水果拼团的软件，推出没多久就吸引了一批用户。同年 9 月，黄峥从拼好货中衍生出一款全新的综合性新型社交电商平台——拼多多。拼多多仅用一年日订单就超过了百万，在电商两大巨头京东和淘宝中拼出了一条属于自己的路。

2018 年 7 月 26 日，拼多多在纳斯达克正式上市，这一年距离黄峥创立拼多多才刚刚 3 年。此后的拼多多依然一路稳步发展，在一片争议中站稳了脚跟，公司市值最高的时候，甚至超过了 2 000 亿美元。

（二）助力"三农"，确立"拼农货"电商模式

拼多多从成立开始，就瞄准农业，开创了"拼农货"为特色的农产品电商模式。该模式的核心是"消费端拼购 + 产地直发"，即以需求端的集中订单反向整合农产品供应链，一方面培育新农人、农业合作社等新型农业经营主体，另一方面挖掘具有特色的农货商品。通过不断创新农产品流通模式，拼多多成功地将农产品变成商品，将农产品地理名称升级为商业品牌，进而孵化出一批品牌化的头部农产品。大量产区农产品通过拼多多扩大

了销售，由小众农作物发展成为销量突破百万单以上的"冠军农货"。

"秭（zǐ）归脐橙"的故事是"冠军农货"的代表之一。脐橙是秭归的特色农产品，皮薄肉大，甜嫩多汁，吃过的人都说好。但一直以来，由于产地偏远，交通不便，很难运出大山，只能在附近几个城市销售。往年脐橙成熟后，由橙农一颗颗摘下来，经由走山路、坐船、租车，才能到市场上叫卖，可毕竟销售半径有限，因而销量也就那么多。这么优质的农产品"窝"在大山里，很令人惋惜，拼多多团队注意到了这个产品后，立即制定出一套通过拼多多网络平台帮扶果农的销售计划。2018 年秋，湖北秭归县再一次迎来脐橙丰收，拼多多开辟"绿色通道"，迅速联合本地新农人上门进行溢价收购，果农只需摘送下山，省时又省力。此后两个月内，依托拼多多平台，当地农户累计销售脐橙 2 300 多吨，创造收入逾 1 200 万元，果农收入直线上升。

有了这次成功的经历后，拼多多坚定了在"三农"领域精耕细作的决心，除打开市场销路以外，拼多多开始对"秭归脐橙"品牌赋能，推动农技革新。经由拼多多牵线，誉福园与秭归的农户、合作社开展合作，推广标准化种植。上了流水线的秭归脐橙，可实时进行重量、大小甚至糖度的测算和分级，筛选出优质的果子分级销售。现在，"誉福园"已是拼多多平台上专营蜜橘的头部商家，经过科技赋能后的"秭归脐橙"成为中国百强农产品区域公用品牌。

2020 年，拼多多成为全国最大农副产品电商平台，全年农副产品成交额 2 700 亿元，直连 1 000 多个农产区。2020 年 8 月，拼多多正式上线"多多买菜"业务，采取"线上预定＋次日送达＋站点自提"的社区团购模式。该模式充分发挥了平台在货源组织、物流配送等方面的优势，在新冠疫情防控期间对城市主副食品保供发挥了积极作用。

（三）"新品牌计划"赋能外贸代工企业，孵化国产自有品牌

除了助力农业，2018 年开始，拼多多瞄准品牌营销薄弱的中国传统制造企业，推出了"新品牌计划"。拼多多充分利用自身市场规模和技术优势，助力外贸代工企业对接内需大市场。2020 年，外部需求趋弱，隐匿于国际品牌背后的代工厂主动求变，与拼多多的"新品牌计划"不谋而合。

例如，广东臻颜化妆品有限公司一直为国外一线化妆品代工，制造实力虽强，但自己没有品牌，公司仅能获取微薄的代工费，难以进入发展快车道。加入拼多多"新品牌计划"后，公司推出了"自然使者"品牌，依托于拼多多基于消费数据分析的结论，给予品牌在产品研发、产品运营、广告投放等方面系统性指导和调整，最终把学生和初级白领作为目标消费群体，采取平价策略，宣发上更加突出功效和性价比。这样的精准运营使"自然使者"取得了良好业绩，数据显示，其电商渠道复购率超过 35%，70% 的消费者是 90 后。

2020 年 10 月 22 日，拼多多宣布全面升级"新品牌计划"，

将扶持方向从工厂转向产业带，从头部代工企业扩展到为全国优质制造企业，数量从 1 000 家提升至 5 000 家。计划 2021 年到 2025 年扶持 100 个产业带，订制 10 万款新品牌产品，带动 1 万亿销售额。

2022 年，拼多多启动"多多新国潮"行动，以"品质国潮，美好生活"为理念，联合美的、上海家化、立白、君乐宝、格兰仕、顾家家居、鸿星尔克、谭木匠、薇诺娜等百余家国货品牌，共同上线首个"新国潮消费季"，将线下的现代化工厂与线上的"新国潮"直播间打通，以"数实融合"的形式将传统国货品牌推广面向新一代消费者。

2022 年"胡润全球富豪榜"上，黄峥以 1 200 亿元人民币财富位列第 93 名。他给中国的年轻人做出了表率，即把自己发展与国家发展方向结合起来，创造社会价值，实现自己价值。这样的学霸和创业者越多越好，我们期待"大众创业""万众创新"姹紫嫣红那一天的到来！

整理撰稿：马薇薇

三十四、进博会（2018 年）：让世界共享中国超大市场

2022 年 11 月 10 日，第六届中国国际进口博览会（后简称"进博会"）圆满闭幕。按一年计，本届进博会意向成交金额为 735.2 亿美元，比上届增长 3.9%。128 个国家和地区的 3 486 家企业参展，其中，世界 500 强和行业龙头企业达 289 家，数量为历届之最。创新孵化专区吸引来自 39 个国家和地区的超过

中国国际进口博览会

300 个创新项目参展，超过前两届的总和。

创办 6 年来，进博会已从一个进口商品博览会变成全球资源联动、全球思想交流的盛会，成为世界各个领域最前沿技术、业态、模式的展示窗口，充分发挥出国际采购、投资促进、人文交流、开放合作四大平台作用。上海研究院从第一届开始每年都会发布《进博会发展研究报告》（蓝皮书），持续跟踪研究进博会溢出效应，进博会对促进上海及长三角地区的贸易投资联动、上海国际消费中心城市建设及全国消费优化升级、开放制度创新和提升上海全球影响均具有良好的带动作用。

（一）外商参加进博会后决定：干脆在中国开个店，建个厂

李龙的家族在巴基斯坦世代经营珠宝生意，从小在这样的环境里耳濡目染，因而对珠宝的品鉴、制作以及交易流程非常内行，他在上海认识的很多人都与珠宝行业有关。他认为上海区位好，外资众多，营商环境优秀，信息资源也极为丰富。最重要的一点是，上海消费者的眼光比较好，对珠宝有一定的认知与理解。2015 年，李龙和太太下定决心打造自有珠宝品牌，他将自己的品牌命名为彣莎。

2019 年，彣莎参加第二届进博会，首秀效果超出了所有人的预期。在那之后，李龙立即启动了彣莎首家线下旗舰店落户上海的计划。在黄浦区商务委员会的帮助下，彣莎选择开在人群最为密集的核心商业区，李龙调研走访几个市级核心商圈之后，最

终落户大丸百货。

尝到了进博会的甜头，在第三届进博会召开之时，彣莎公司积极报名参展，拥有了 36 平方米的展位，最后收获了约 500 万美元的意向采购金额。[1]

李龙曾参与过全球 100 多场各种高端的珠宝展，但在他看来无一能与进博会相媲美。在李龙眼里，进博会是特别的存在，给了那些本没机会讲述自己故事的企业一个表达的机会。从第一次参加进博会到 2021 年，彣莎销售额每年都能保持 50% 的增长，这种速度是惊人的。

进博会不仅给了很多国外中小企业展示自己的机会，也是一个庞大的信息交流平台，中国超大市场诱人的机会就放在那里，能不能把握机会，凤凰涅槃，就看这些创业者的商业嗅觉，以及对未来市场的判断力、领悟力和执行力了。

德国科技集团贺利氏在首届进博会时，只有四五个事业部参与；到了第五届，已经有近十个事业部参展。5 年来，在进博会这个平台上，贺利氏会见了各地政要数百人，接待客户中高层上千名，签署合作协议数十个，并有机会了解行业最新技术趋势……这些都为企业发展带来更多动力。

2021 年进博会上，贺利氏展示的一款芯片晶圆加工所需的高纯石英材料引发关注，多地表达了合作意愿。经过会后进一步谈判考察，集团总部决定在沈阳建设新厂，总投资 5 亿元。就在

1　听外国参展商讲述"缘分"的故事……｜进博会时间 https://baijiahao.baidu.com/s?id=1715951046469947204&wfr=spider&for=pc。

2022 年进博会开幕前夕，新工厂开工动土，计划两年建成投产。随着中国半导体行业兴起，这款产品处于供不应求的状态，订单排到了未来几年。沈阳新工厂的产能是贺利氏现有工厂产能的 3 倍。不到一年时间从展品到落地建厂，这是外资企业不断融入中国经济的一个缩影。他们把产品技术带进中国市场，他们自己也成为中国产业生态、创新生态的组成部分。

外商参加进博会后，类似的开店建厂故事还有很多，不能一一赘述。对于进博会未来发展的想象是不可估量的，中国很可能成为一个全球商品的集散地和交易中心，不只是"中国制造"销售全球，"各国制造"也在中国找到市场，"全球买，全球卖"，全球成为一个紧密结合的大市场，人类命运共同体的趋势也将越来越明显。

（二）进博会对国内发展有明显的溢出效应

国内有很多人并不理解中国在上海举办进博会的意义。记得在 2018 年第一届进博会举办的前后，有人认为进博会是中国应对美国的短期措施。而事实上，中国是真正践行全球化的国家，举办进博会有更加深远的战略思考。进博会对全球各国是共赢的，对各个方向都有良好的溢出效应。

首先，促进贸易投资联动。在 2018 年 11 月至 2019 年 10 月期间，即首届进博会举办之后，中国实际利用外资额具有明显的增加趋势，主要体现在以下领域：

1. 健康领域。2017 年以后医疗器械及医药保健参展企业新设的 57 家企业都主要分布在上海及周边地区。美国嘉德诺健康集团在 2019 年第一次参加进博会后，于 2021 年在上海新设企业。蔡司参加了第四届进博会之后，在苏州新设研发基地。

2. 消费领域。意大利贝雕珠宝品牌 Cameo Italiano 是消费品展商，其原来市场主要是北美地区、澳大利亚、日本和韩国，在连续参加了四届进博会后，其在上海新设了公司拟大力开拓中国市场。

3. 制造领域。美国通用电气公司在第三届进博会上宣布设立濮阳陆上风电机组生产基地。汽车展商佛吉亚为了解决座椅系统、内饰系统、汽车电子产品等长距离运输的成本问题，在华拥有 60 家工厂的基础上提出将在中国加大产能投资。

其次，促进全国消费升级。 借助进博会，全球知名消费品牌入驻上海，各类概念店、旗舰店、精品店不断涌现，提升了上海的商业活跃度，为上海国际消费中心城市建设注入了强大动力。根据盒马鲜生的统计，在首届进博会落幕的一年时间里，二三线城市消费者在进口商品上的平均消费金额超越了部分一线城市。上海市商务委员会已认定 60 个 "6 天 +365 天" 交易服务平台，其中多个平台经营进口商品保税线上线下零售、仓储物流及通关服务等业务。通过这些交易服务平台，进博会上展览的同款商品，在 6 天展会结束后上线跨境电商平台，为居民消费 "进博同款" 提供便利。

再次，促进上海开放制度创新。 围绕 "展品变商品"，一批贸易便利化政策举措从 "量身定做" 到 "复制推广"，进博会正成为制度型开放最新成果的集中展示窗口。例如，在进博会之前，清关检验一度是制约进口鲜奶产品发展的瓶颈，上架时间需要 8 天以上，而鲜奶的有效期仅为 15 天。为此，上海出入境检验检疫局与长宁区政府共同推出了鲜奶进口的"快检快放＋外检内放"模式，使得"72 小时鲜奶"从新西兰牧场直达中国成为可能。在首届进博会结束后不久，国内三四线城市的居民也已能第一时间享受到"进博会同款"鲜奶。再例如，在第四届进博会闭幕后，一批法国参展化妆品经海关办理完成结转手续后进入青浦综合保税区，并在绿地全球商品贸易港上架，按跨境电商优惠税率进行销售，根据保税延展政策，6 天展会后展品还可以享受成交前免完税的优惠，时间最长可达两年，借助"馆区直通""区区流转"等海关监管模式，展品还能以保税商品身份被转移到其他监管区展示。这些正是海关监管模式的创新。

最后，继续扩大上海影响力。通过对《纽约时报》《华盛顿邮报》《华尔街日报》《泰晤士报》和《金融时报》5 家英美主流媒体的所有报道进行梳理，在 2018 年 1 月至 2022 年 6 月期间总共有 42 篇进博会报道，其中 71.43% 的报道为 5 家媒体的独家采写，进博会成为最重要的报道内容。随着进博会影响力不断提升，举办地上海的城市讨论度在社交媒体上产生新热度，重点内容涉及"国际化的新兴市场""国际消费品市场"等，使上海形象得到充分彰显。上海作为文化经贸的载体引起全世界人民的关注，进博会提升了城市知名度，扩大了上海影响力，显著增强了外资企业特别是世界 500 强企业在华长期发展、深耕中国市

进博会在国家会展中心举办

场的信心，并且加大了其在上海投资经营和市场布局的力度。另外，虹桥国际经济论坛也为国际政、商、学界搭建了一个务实友好、高效交流的平台。

（三）对继续扩大进博会溢出效应的几点建议

第一，继续坚持进博会的国家功能定位。基于进博会举办成效，从国家层面加强进博会全球推介，建议在参展积极国家或地区中委托当地大使馆或领事馆，设立进博会专门工作机构，每年给予必要的人财物资源进行专门宣传，直达当地企业，并予以效果跟踪，这样有利于招揽更广泛区域的国家、城市及企业参会参展。

第二，继续坚持以开放促改革。按照中央提出的高水平开放的要求，结合上海浦东新区社会主义现代化引领区建设，围绕进博会功能建设，在制度型开放方面采取更积极、更有利的举措，开创并固化一系列开放制度成果。尤其是在临港新片区可以大胆尝试离岸贸易、离岸金融等新领域创新，把临港新片区作为新时期的"陆家嘴金融贸易区"去开拓与建设，为更高水平开放以及构建国内国际双循环的节点做出尝试。

　　第三，继续深化进博会服务实体经济发展的作用。着眼于服务推动上海国际消费中心城市建设、先进制造业基地建设、全球科技创新中心建设，从展商结构、价值地位、链接纽带等多方面做出努力，促进服务实体经济发展的各类优质要素在上海的集聚与发展。要以数字化为契机，推进各类资源要素自由流动，构建统一的长三角大市场，畅通流通和生产包括人才流动，为全国统一大市场建设做出表率。

　　第四，继续强化进博会作为流量型经济重要枢纽平台的功能。立足加快构建新发展格局、实现高质量发展的新要求，切实贯彻习近平总书记提出的"人才是第一资源"的指示精神，在集聚物流、信息流基础上，进一步增强进博会吸引优秀机构、优秀人才及人才团队的作用，有意识地积累、遴选、吸引优秀机构的优秀人才参与进博、服务进博、服务上海，条件成熟时从中聘任一批"上海全球引才顾问"，为上海加快建设高水平人才高地开辟路径，积蓄力量。

整理撰稿：杨涤

三十五、临港新片区（2019年）：促进上海新发展的新变量

东海之滨的临港新片区，曾是上海最偏远的角落，原属于南汇区，后并入浦东新区，在地图上位于浦东新区的最下方。

（一）临港新片区的由来

有一位在上海市区居住的朋友问：他曾在媒体上看到听到临港新片区、临港新城、南汇新城这几个名称，有点分不清。这里给大家做一个解释。临港新城是临港早期开发时的名称，最早叫芦潮新城，后改名为海港新城，目前，上海官方文件中已经不再提"临港新城"，该叫法已经被取消，现在规范的叫法是临港新片区。在临港新片区产城融合区386平方公里内，除去洋山岛和浦东机场南部区域，其余343平方公里都是新城的规划面积。南汇新城是上海市的五大新城之一，也是临港新片区的主城区——即临港新片区管委会的管辖范围。

2007年，时任上海市委书记习近平在当时临港所在的南汇

区调研，调研时环绕滴水湖的临港新城正在建设之中。习近平同志提出，对于上海来讲，开发海洋、发展海洋经济十分重要。南汇已经成为上海海洋经济发展的前沿阵地，要全力以赴推进临港新城建设，要乘势而为，努力建设上海装备制造业高地，坚持高起点、高质量地推进重装备产业区开发建设。习近平还意味深长地提出新城还可以成为一个具有示范意义的地方。

2019 年 8 月 6 日，国务院印发《中国（上海）自由贸易试验区临港新片区总体方案》，设立中国（上海）自由贸易试验区临港新片区。2019 年 8 月 20 日，中国（上海）自贸试验区临港新片区挂牌。

2021 年 12 月 15 日，滴水湖金融湾经上海市商务委员会认定，获批 2021 年度上海市服务贸易示范基地。滴水湖金融湾是临港新片区跨境金融总部集聚、金融业务创新的承载区。这里将聚焦总部经济、跨境金融、国际贸易、金融科技、数字经济等重点产业，全面打通跨境投融资便利化的"血脉"，致力于成为统筹发展在岸业务和离岸业务的重要枢纽。

临港新片区滴水湖

2022 年 8 月 19 日，在临港新片区揭牌成立三周年之际，时任上海市委书记李强在临港新片区调研并出席座谈会。李强指出，要增强承担国家战略的思想自觉和行动自觉，紧盯打造特殊经济功能区的目标和强化"五个重要"的定位，胸怀全局、放眼世界、把握时代，提高代表国家参与国际合作与竞争的大局意识和能力水平，加快构建现代化的创新体系、产业体系、市场体系和开放体系。

按照上海方面的规划，到 2025 年，临港新片区将建设不少于 10 个顶尖科学家实验室，地区生产总值在 2018 年基础上翻两番，常住人口规模达到 80 万人左右，临港新片区将初步建成具有较强国际市场影响力和竞争力的特殊经济功能区，成为我国深度融入经济全球化的重要载体，成为上海打造国内国际双循环战略链接的枢纽节点。

（二）特斯拉落户临港，从奠基到生产，仅用时 11 个月

2018 年 7 月 11 日的《解放日报》头版，特斯拉首个海外超级工厂落户上海。特斯拉落户上海是这座城市扩大开放的最新成果。从工厂奠基到第一辆车交付，仅用时 11 个月，"临港新片区速度"被人们津津乐道。近年来，面对国际风云变幻，特斯拉在临港新片区独资建厂，折射了以上海对外开放观念与模式的再一次升级。

就在特斯拉与上海签约建厂前夕，它正面临着巨大的产能压力。在没有来临港新片区建厂之前，特斯拉工厂每年都可以收到

临港特斯拉工厂

大量的订单，但现有工厂产能跟不上，造车速度满足不了消费者需求，工厂有投入但是产出不高，财务上亏损了20亿美元，这谁能顶得住？特斯拉几近破产边缘。马斯克曾立誓在2018年3月底前每周生产2 500辆 Model 3，到6月底前增加到每周5 000辆。尽管他住在工厂里亲自抓生产，但4月初证实，每周只生产了约2 000辆。当时，马斯克在社交媒体上说："汽车生意就是地狱。"

这时，上海向特斯拉抛出了橄榄枝，中国拥有着世界上最完整的汽车产业链条，更关键的是拥有全球最庞大的汽车消费市场，来到中国建厂发展，既是特斯拉摆脱当面困境的"救命稻草"，也是其未来发展最好的选择。

上海是怎么把特斯拉招商过来了的？临港新片区的区位优势和制度优势，再加上附加的优越条件。这些优越条件有：第一，提供免费土地；第二，给特斯拉提供年利率低至 3.9% 的贷款；第三，工厂一年内建完，让特斯拉能实现产能；第四，提供 5.9 亿元补贴。这相当于马斯克提供了技术和运营，其他硬件资源上海都配齐。以前高档房子有"拎包入住"的说法，特斯拉来上海，就相当于"拎包入驻"。

当然，上海方面对特斯拉也提出约束条件：第一，从 2023 年开始，特斯拉每年必须缴纳 22.3 亿元税款；第二，未来五年在上海投资 140.8 亿元；第三，2020 年实现国产特斯拉。2021 年特斯拉已经完成了 27 亿元税收，2022 年特斯拉又扩大了产能，现在上海的产能已经超过了美国的加利福尼亚，成为全球特斯拉第一产能。

引进特斯拉，其实是经过痛苦思考后的战略考量。为了摆脱对石油资源的高度依赖，中国发展新能源汽车的决心是坚定不移的。中国顶着国际上巨大的舆论压力，不惜一切代价的补贴电动汽车，耗费了上千亿人民币。可巨额的补贴，换来的不是新能源汽车的蓬勃发展和技术的不断更新换代，除了比亚迪等少数企业是专心做电动车以外，大部分企业毫无起色，甚至发生了电动汽车生产企业联合购买企业一起骗补的教训。

特斯拉在上海建成投产带来上海汽车产业的又一次跃升。进入特斯拉供业链的，首先是"宁波帮"：给特斯拉提供汽车电子的是宁波华翔，提供传感器的是宁波均胜，提供压铸件的是宁波旭升股份，提供减震产品的是宁波拓普集团。而给特斯拉提供电池的是宁德时代和 LG 化学在溧阳、南京的新建工厂，提供热管理零部件的是绍兴的三花智控。2020 年，特斯拉国产化率已达 70%。围绕特斯拉上海超级工厂，众多汽车零部件企业在苏州、宁波、南通、无锡、绍兴、台州、南京、常州等地组成了特斯拉的"4 小时朋友圈"，形成了大规模的产业集群。

上海给特斯拉带来了在中国发展的机遇。特斯拉上海工厂建成后，产能迅速提升，并多次扩产升级。2020 年末产能达到 25 万辆；2021 年产能超过美国加州的弗里蒙特工厂，成为特斯拉最高产的工厂。特斯拉上海工厂是公司最主要的出口中心，支撑除北美之外的全球市场。马斯克在 2022 年 8 月举行的股东大会上说："得州、柏林、加州几个工厂间或许会有友好竞争，但上海超级工厂很难被超越。"《经济学人》的一篇文章说，中国超凡的制造力帮助特斯拉走出了"生产地狱"。

2020 年，特斯拉国产化率已达 70%，目前，除了核心的芯片、集成电路外，车身整体几乎都是中国制造，这些供应商大部分来自江浙沪，长三角城市群在汽车产业链上形成了高效协同。在这个过程中，上海作为中心城市扮演了至关重要的角色，也是上海带动长三角一体化的一个生动案例。

（三）引入特斯拉项目的思考

特斯拉临港新片区工厂不仅是特斯拉在美国之外的首个超级工厂，也成为上海有史以来最大的外资制造业项目，更一举打破纪录，成为中国汽车制造业史上的首个外商独资项目。有人质疑上海给出那么巨大的优惠条件引进特斯拉的做法。还有人虽然赞同引进特斯拉，但分析起来认为，上海是为了让特斯拉带来"鲶鱼效应"，刺激国产品牌的提高技术水平。特斯拉这个项目的引进，反映了观念上和认识上的巨大差异。

百年未有之大变局，需要大思维、大格局、大谋划、大战略、大步伐、大动作、大胆闯。无论是革命还是建设，都需要这种大的魄力。在发展上，不要看短期利益得失，要着眼于长期产业发展；不要用静态价值估算小账，要动态宏观可持续的算大账。上海的使命，就是做改革开放的排头兵，就是要发挥好改革开放前沿阵地的优势，成为国际国内双循环的战略链接。作为上海新发展的新变量，临港新片区未来可期，任重道远。

整理撰稿：杨涤

尾 声

讲完了上海这 35 个品牌故事，意犹未尽，民族自豪感油然而生。说是品牌故事，其实也是真实的历史，是真实的上海故事，当然也就是真实的中国故事。上海的历史，是江南文化、海派文化、红色文化相互碰撞、融合而产生的一种新的城市文化，是一种可以代表中国改革开放创新的新文明形态。上海可以代表中国，去与全球的著名城市如纽约、伦敦、东京对标，用不断积淀的城市文化软实力和制度性开放继续引领中国高质量发展和高水平开放。讲上海故事，就是在讲中国故事。讲好了上海故事，也是在讲好中国故事。上海是一座人民城市，上海是全国人民的上海。我们期待读者阅读后，会更加了解上海，认识上海乃至热爱上海。这些品牌是上海制造，也是中国制造，完全可作为提高人民生活质量和消费能级的一种选择。

杨　涤

2023 年 3 月 22 日